또 제 탓인가요?

당신이 화가 나는 진짜 이유

로베르트 베츠 지음 | **서유리** 옮김
Jetzt reicht's mir aber!

📖 동양북스

인간의 가장 큰 적은 자기 자신이다.
우리는 타인이 아니라 매일 자기 자신과 다투고 있다.

_ 본문 중에서

······ 1장 ······

"도대체 다들 나한테 왜 이래?"
내 인생을 망치러 온 분노 유발자들

2장

"왜 자꾸 그 사람만 보면 화가 날까?"
분노 뒤에 움츠러든 속마음의 정체

3장

"화가 난 것도 내 탓이라고?"
욱하는 감정을 부르는 내 안의 또 다른 나

::: 4장 :::

"이렇게 화낸다고 뭐가 달라질까?"
폭발하지 않아도 속이 뚫리는 분노 해소법

::: 5장 :::

"더 이상 나를 건드리지 말아줘!"
또라이 천사를 내 편으로 만드는 관계 정리법

===== 6장 =====

"내 마음은 이제 나를 위해 쓴다"
나쁜 감정 대신 나에게 집중하는 셀프 치유법

당신에게 이 책을 바칩니다

잘 지내셨나요? 저는 당신 때문에 한동안 짜증나고 화가 나서 밤잠까지 설쳤던 사람이에요. 아마 기억도 못 하시겠죠. 저는 당신 때문에 혼자 열불내고, 제발 내 인생에서 사라져달라고 기도까지 했는데 말이죠. 사실 뒤에서 욕도 많이 했어요. 당신은 내 마음도 알지 못하고, 내 말도 듣지 않는데 혼자만 난리치는 것 같아 억울하기도 했죠. 처음에는 화만 났는데 나중에는 인생이 허무해지고, 죄책감도 들고, 당신 때문에 오만 가지 감정이 튀어나오더라고요.

그런데 저는 이제 마음이 바뀌었어요. 당신이 제 인생에 나타난 게 나쁜 일만은 아니었다는 걸, 오히려 제 인생을 바꿀 아주 소중한 기회를 당신이 주었다는 걸 깨달았거든요. 그래서 저는 당신을 '또라이 천사'라고 부르기로 했습니다. 귀여운 애칭이죠?

당신 때문에 주눅 들고 상처받고 괴로워하던 저는 이제 없어요. 당신 덕분에 제 안에 숨어 있던 진짜 감정을 발견했고, 당신이 아니었다면 몰랐을 상처를 치료할 수 있었거든요. 진심으로 감사하다는 말을 전해요. 저는 이제 당신이 다시 저를 괴롭혀도 괜찮아요. 당신이 저를 사랑해주지 않아도, 저는 알거든요. 저는 누가 뭐라 해도 사랑받기 충분한 사람이란 걸요.

당신에게 이 책을 바칩니다.

저를 아프게 한 당신에게도, 당신을 아프게 했던 누군가가 있을 테니까요.

당신도 알게 되길 바랍니다. 누군가를 괴롭히고, 누군가에게 화를 내며 살기에 인생은 너무 짧고 소중하다는 것을요. 인생의 주인공은 바로 자기 자신이잖아요.

그럼 행복을 빕니다. 안녕!

오늘도 그 사람을 미워하느라 밤을 새웠다면

누구에게나 주변에 분노 버튼을 누르는 사람 몇 명쯤은 있을 것이다. 나쁜 감정을 불러일으키는 사람, 특히 짜증과 분노를 유발하는 사람 말이다. 이들은 주로 가까이에 있고 심지어는 우리가 원래 사랑하던 사람인 경우가 많다. 사이좋게 잘 지내고 싶지만 결국에는 그냥 참고 견디며 지내는 인간관계, 즉 우리의 배우자 또는 애인, 자녀들, 형제자매, 부모 같은 사람들 말이다. 우리는 이 사람들과 문제가 생겼을 때 주로 이렇게 생각한다.

'그 사람이 조금만 다르게 행동한다면, 특히 나를 조금만 다르게 대해준다면 내 마음이 참 편할 텐데⋯⋯. 그러면 잠도 잘 자고, 이렇게 화도 자주 내지 않을 텐데⋯⋯.'

● 집에서도 직장에서도 사방이 온통 적이다

짜증과 분노를 유발하는 사람 중에는 우리가 전혀 사랑하지 않고 절대 사랑하고 싶지도 않은 사람들도 있다. 시끄럽고 무례한 옆집 사람, 나를 괴롭히는 회사 상사, 일을 떠넘기는 동료, 헤어진 애인 또는 배우자, 융통성 없는 세무서 직원 등 우리가 종종 또라이, 미친놈 그리고 개자식이라고 일컫는 사람들 말이다. 이들은 평화로운 우리 일상을 망친다.

특히 저 높은 곳에 계신 부패한 정치인들이나 탐욕스러운 경영자들, 이윤에 눈이 먼 기업가들의 책임 또한 막중하다. 우리가 아무리 열심히 살아도 잘 살지 못하는 것은 상당 부분 그들 때문이다. 경기가 나쁠수록 점점 더 많은 사람들이 사회에 깊은 불만을 느끼며 분노와 증오의 감정을 표출한다.

"이제 더는 못 참아!", "정말 지긋지긋해!" 같은 말들이 일상화되고, 존경이나 존중, 관용, 동정심 같은 미덕에 대해 사람들은 콧방귀를 뀔 뿐이다. 이처럼 짜증나게 하는 사람들 때문에 지칠 대로 지친 우리는 우리나라로 쏟아져 들어오는 난민들, 경제계와 정치계의 부패 스캔들, 인공 지능이 인력을 대체하는 노동시장의 급격한 변화에 엄청난 불안감을 느낀다.

또한 소리를 지르는 '성난 시민들'과 극단적인 발언을 표출하는 정치인들이 점점 더 많은 지지를 얻고 있는 반면, 이해나 중재, 평화를 추구하는 '좋은 사람'과 '인간에 대한 이해가 있는 사람'들은 오히려 경멸과 조롱의 대상이 된다.

● 나를 욱하게 만든 진짜 범인은 따로 있다

우리는 왜 이렇게 나쁜 감정에 시달릴까? 많은 사람들이 이런 감정들로부터 벗어나고 싶겠지만, 사실 이 감정들은 절대 나쁜 것이 아니다. 빠르게 변하는 세상 속에서 분노는 나름대로 의미와 가치가 있기 때문이다.

이 책은 많은 사람들이 스스로 만들어낸 지옥과 감옥, 자신이 만들어낸 깊은 불화에 대한 책이다. 하지만 사람들은 자신이 그런 고통을 만들었다는 사실을 알아차리지 못하고 직시하려 하지 않는다. 만약 당신이 내면의 평화와 만족, 기쁨, 충만함과 성취감을 스스로 망쳤다는 사실을 직시할 생각이 없다면 당장 이 책을 내려놔도 된다. 이 책은 당신의 자아상과 인간관계, 삶을 바라보는 가치관을 바꿔버릴 것이기 때문이다. 물론 그 과정이 쉽지는 않을 것이다.

그 사람만 보면 짜증나고 욱하는 감정들이 그 사람 때문에 생긴 게 아니라 나 때문이라니, 억울한 마음이 들지 모른다. 그렇지만 당신의 머릿속과 마음속에 집중해보자. 지금까지 당신이 옳다고 생각한 것들, 당신이 '진실'이라 여겼던 것이 사실 엄청난 착각이었을 수도 있다.

● 분노를 위한 분노는 이제 그만

이 책은 우리 스스로 세상 또는 주변 사람들과 만들어낸 불화에 대한 이야기다. 특히 당신의 '분노 버튼'을 누른 사람, 눌렀던 사람들에 대해 이야기한다.

타인에 대한 분노는 자기 자신에 대한 증오심과 연결되어 있다. 자신의 내면 모습 그대로가 삶으로 표출되는 것이다. 당신의 외부세계는 내면세계와 긴밀하게 연결되어 있다. 이 책은 이러한 연결고리를 따라가면서 평화를 찾는 법을 알려준다. 어떻게 하면 나쁜 감정에서 벗어나 평화로워질 수 있는지,

어떻게 하면 무기력과 무력감에서 벗어나 내가 내 인생을 쥐고 있다고 느낄 수 있는지 그 길을 알려줄 것이다. 그렇게 되면 그저 주어진 대로 수동적으로 사는 것이 아니라 진짜 내 인생의 작가, 감독, 주인공이 되어 살아갈 수 있을 것이다.

여전히 의심스러울지 모른다. 그러나 이 책은 이성이 아니라 마음과 몸의 힘으로 받아들이는 것이 좋다. 읽다 보면 자연스레 몸과 마음이 반응할 것이다. 당신의 마음은 이미 당신을 이해하고 있고, 진실을 알고 있기 때문이다. 이제 당신이 미처 깨닫지 못했던, 당신 자신 그리고 주변 사람들과 함께 진실한 삶을 살 수 있는 길을 보여주려고 한다. 이 모든 변화의 시작은 외부세계에 대한 내면세계의 반응, 즉 분노의 소리를 집중하여 듣는 것이다. 이제 당신의 삶이 평화롭기만을 바란다.

1장

"도대체 다들
나한테 왜 이래?"

내 인생을 망치러 온 분노 유발자들

어쩌다
그런 인간이
제 앞에 나타났죠?

다음과 같은 말들에 익숙하지 않은가?

"저 인간은 보기만 해도 짜증이 나……."

"아, 걔는 그냥 하는 짓이 마음에 안 들어."

"정말 그 사람 때문에 짜증나서 미치겠어!"

"몰라, 그 사람은 그냥 무시해버릴 거야!"

"어쩌다 그런 인간이 내 앞에 나타난 걸까?"

"그 인간은 태어난 게 잘못이야!"

살면서 주변 사람들에 대해 이와 비슷한 생각을 해보지 않은 사람은 없을 것이다. 매달, 매주 또는 매일 맞닥뜨리는 사람들 중에 정말 엮이고 싶지 않은 사람, '저 사람만 없으면 잘 살 수 있을 텐데'라는 생각이 드는 사람이 몇 명이나 되는가? 오늘 당신의 신경을 건드리는 사람, 짜증나게 하는 사람, 이성을 잃게 만드는 사람을 몇 명이나 만났는가?

또라이 천사의 등장

집이든 직장이든 이웃이든, 또 거리에서든 그런 사람들은 어디에서든지 나타난다. 그들은 우리의 분노 버튼을 눌러서 우리를 화나게 하고 무력하게 하거나 말문을 막고 어이없게 만든다. 이런 사람들 때문에 우리는 며칠 동안 목에 뭔가 묵직한 것이 걸린 듯이 답답하고 통증을 느끼며 심한 경우에는 밤에 잠을 자지 못하기도 한다.

이들은 우리를 '어렵게' 또는 '불편하게' 만들고, 상처와 실망을 안겨준다. 그리고 우리를 무시하거나 외면하고, 또 이기적이고 배려 없이 행동하면서 우리를 이용하고 괴롭힌다. 우리에게 거짓말을 하고 사기를 치며 공격적으로 퍼부어대거나 무력하게 만든다. 이들은 마치 '넌 내 친구가 아니야! 난 네가 맘에 안 들어'라고 말하는 것 같다.

우리의 감정 버튼을 눌러대면서 '나쁜 감정'을 불러일으키고, 삶의 기쁨을 막거나 좋은 기분을 엉망으로 만드는 이런 사람들을 나는 '또라이 천사'라고 부른다.

물론 우리의 머리는 이들을 '또라이'라고만 부르고 싶고, 또 그 뒤에 붙은 '천사'가 전혀 어울리지 않는다고 느낄 것이다.

그렇다면 왜 그냥 '또라이'가 아니라 '또라이 천사'일까? 왜냐하면 이들은 우리의 인생에서 아주 중요한 사람들이며, 어쩌면 가장 중요한 사람들이기 때문이다. 여전히 믿고 싶지 않겠지만 이 책을 읽어가면서 서서히 알게 될 것이다. 가족 중에, 또는 직장에서, 길거리에서, 슈퍼마켓에서 만나는 이런 사람들은 당신에게 크고 대단히 값진 선물을 준다. 자신은 의식하지 못하겠지만 말이다. 그들은 평화롭고 행복한 삶, 만족과 기쁨이 있는 삶, 가볍고 평온한 삶으로 당신을 떠밀 것이다. 그렇기 때문에 '또라이'는 당신에게 '천사'가 될 수 있다. 하지만 완전히 천사라고 느끼기 전까지는 임시로 '또라이 천사'라고 부르자.

아마 지금은 또라이 천사가 준 선물을 전혀 뜯어보고 싶지 않을 것이다. 아직은 잘 와닿지 않겠지만 그들의 선물은 삶의 질과 인간관계의 질, 심지어 몸과 마음의 건강까지도 개선시켜줄 것이다. 이는 결코 과장이 아니다. 그동안 수천 명의 사람들이 또라이 속에 숨어 있는 천사를 발견하고 행복을 찾았기 때문이다. 그들은 자기 자신뿐만 아니라 주변 사람들과도 평온한 관계를 이어가고 있다.

● 나도 행복해질 수 있을까?

나는 우선 이런 질문을 던지고 싶다. 잠깐 멈춰서 이 질문에 대답해보자.

> **Q1** 당신에게 평화로운 인간관계는 얼마나 중요하고 어느 정도의 가치가 있는가?
>
> **Q2** 당신은 '또라이 천사'들 때문에 힘든가, 아니면 당신 내면의 문제 때문에 괴로운가?
>
> **Q3** 지금 당장 모두와 평화롭게 지낼 수 있다면 무엇을 기꺼이 내줄 수 있는가?

'나는 평화롭게 살 거야!'라고 의식적으로 결심한 적이 있는가? 아마 없을 것이다. 자신이 결심한다고 될 일이 전혀 아니라고 생각하기 때문이다. 대신 이런 생각을 할 것이다.

'평화로워지려면 다른 사람들도 협조해야지, 나 혼자 할 수 있는 일이 아니잖아. 그 사람들이 나를 대하는 태도를 바꿔야지.'

그렇지 않다. 앞으로 한 달 안에, 또는 몇 년 안에 행복해지고 싶은가? 그 모든 것은 당신 안에 있다. 다른 사람들의 태도가 변하지 않아도 평화롭고 행복한 삶을 누릴 수 있다. 나는 당신이 지금 혹은 이 책을 다 읽고 난 후, 이렇게 결심해보기를 바란다.

> "나는 이제 평화롭게 살 거야. 행복하게 살 마음의 준비가 됐어. 주변 사람들과도 평화롭게 잘 지낼 거야."

이 문장을 큰 소리로 읽은 후에 잠시 눈을 감고 생각해보면 두 가지 사실을 깨달을 수 있다. 첫째, 이 문장을 읽는 자신의 목소리를 듣고 신체적으로 어떤 느낌이 드는가? 당신의 몸은 이 문장에 어떻게 반응하는가? 둘째, 당신의 머리는 여기에 대해 뭐라고 말하는가? 여전히 당신의 머리는 '그게 가능해?'라며 의심하거나 부정하고 이의를 제기할 수도 있다. 얼마든지 그래도 괜찮다. 그렇게 하는 것이 머리의 역할이고 그렇게 하도록 훈련을 받아왔으니까. 하지만 의식적으로 생각하거나 큰 소리로 말하는 순간, 머리뿐 아니라 당신의 가슴도 반응하여 감정과 느낌을 통해 그 내용이 전달된다. 입에서 이런 문장이 흘러나올 때 어떤 기분이 드는가? 이 문장을 다시 읽어보고 마음의 소리에 귀 기울여보라.

한 지붕 아래에서
원수들과
함께 삽니다

누구에게나 자신의 감정 버튼을 누르는 특별한 사람들이 주변에 한두 명쯤은 있다. 당신의 삶에서는 누가 이런 부류에 속하는가? 짜증과 분노 외에 무기력, 무력감, 심지어 절망감까지 들게 하는 사람은 누구인가? 당신은 어떤 사람 때문에 자주 흥분하는가? 당신의 가족 중에서 그런 역할을 맡고 있는 주인공들을 살펴보자.

퇴근해도 집에 가기 싫은 이유

남편 혹은 남자 친구 때문에 자주 흥분하거나 화를 내고 실망하는가? 당신과 하는 섹스에 더는 흥미를 보이지 않고 불쑥 안아주지도 않으며 키스도 거의 하지 않아서? 함께 시간을 보내기보다 운동이나 친구와 한 약속, 또는 자신의 커리어를 쌓는 데만 많은 시간을 할애해서? 술을 너무 많이 마시고 여전히 예전에 사귀었던 애인과 연락하고 있어서? 아니면 다른 여자를 만나거나 당신을 자신의 어머니처럼 대해서? 직장에서는 남자답고 당당하게 굴면서 당신 앞에서는 어린아이처럼 행동해서?

아내나 여자 친구가 자주 불만을 토로하고 잔소리를 해서 짜증이 나는가? 당신이 어떻게 해도 항상 못마땅해하는 것 같은가? 직장 생활도 열심히 하고, 가족의 생계도 책임지고 있고, 밖에서 놀고먹는 것도 아닌데 아내만 보면 부담감을 느끼는가? 아니면 더 이상 당신에게 흥미를 보이지 않고 엄마 역할에만 충실하여 외로움을 느끼는가?

자녀가 당신의 기대와 희망을 채워주지 못하고 실망감만 안겨주는가? 심지어 때로는 사고를 쳐 창피하게 만드는가? 공부도 열심히 하지 않고 게으르며 담임 선생님에게 매번 연락까지 오는가? 아니면 시도 때도 없이 컴퓨터 앞에만 붙어 있어서? 나쁜 친구들하고 어울려 다닐 뿐만 아니라 앞으로 뭘 할지도 아직 정하지 못한 채 뭔가를 시작했다가도 금방 중단해서? 자기 방은 물론 자신의 삶을 전혀 정돈하지 않고 몸에는 피어싱에 문신을 하고, 부모의 말은 귓등으로도 안 들어서? 항상 투덜거리고 불평불만만 쏟아내면서 대화는 하려 하지 않고, 빈둥거리기만 할 뿐 어떤 일자리도 오래 견디지 못해서? 아니면 자녀가 성인이 된 뒤 당신과 교류를 거부하고 연락을 끊어버려서 섭섭한가?

어머니나 시어머니가 당신의 삶이나 인간관계에 사사건건 간섭하고 아무 때나 전화를 걸고, 또는 "네가 너무 걱정이 돼서!"라는 말로 자꾸 신경을 거슬리게 하는가? 당신이나 당신의 남편을 여전히 어린아이처럼 대하거나 아픈 곳이나 힘든 상황을 수시로 토로하면서 죄책감이 들게 만드는가? 손자들을 보고 싶다고 하면서도 잠깐도 손자들을 맡아주지 않아 짜증이 나는가?

아버지나 시아버지와 계속 삐거덕거리는가? 그들이 당신을 거부하는 것 같아 당신도 그들을 멀리하고 있는가? 아버지나 시아버지는 당신이 살아가는 삶의 방식을 못마땅하게 생각하는가? 그들은 당신을 그저 자신의 성에 안 차는 집안의 골칫덩어리라고 생각하는가? 다른 형제자매 또는 손자들과 비교하는가?

자주 만나지는 못해도 형제 또는 자매와 관계는 어떠한가? 형제자매를 떠올리면 어떤 감정이 드는가? 마음속에서 우러 나오는 애정이 있는가? 형제자매를 사랑하는가? 아니면 아주 성가신 골칫덩어리 같은 존재인가? 수백 킬로미터 떨어진 곳에 살고 있다 해도 그들을 떠올리면 평화로운 느낌이 드는가, 아니면 떠올리기만 해도 나쁜 감정들이 올라오는? 훗날 부모님이 돌아가시고 유산 분배가 평화롭게 이루어질 거라고 생각하는가?

● 가족이 뭐길래, 피로 묶인 족쇄

앞서 제시한 사례를 보면서 '그래. 바로 그래서 내가 자주 화가 났던 거야'라고 속으로 생각하면서 고개를 끄덕일 것이다. 이들은 당신과 떼려야 뗄 수 없는 관계를 맺고 있으며 당신의 삶에서 아주 중요한 역할을 한다. 왜냐하면 이들은 당신의 가족이니까. 설령 당신이 '나는 그 사람하고 더는 상종하지 않겠어!'라고 결정을 했더라도 말이다. 겉으로는 부모, 형제자매,

배우자 또는 성인이 된 자녀들과 인연을 끊을 수는 있다. 하지만 아무리 인연을 끊었다고 해도 진짜로 끊는 것은 불가능하다. 내면적으로는 여전히 연결되어 있으며, 인연을 끊은 후에도 마음은 편치 않고 평화롭지 못한 감정의 찌꺼기가 남아 있기 때문이다.

심지어 헤어진 배우자 또는 애인을 무심하게 '전' 남편이나 '전' 애인이라고 표현하지만 이들과 당신의 관계 역시 완전히 끝났다고 말할 수 없다. 우리는 모든 사람들과, 특히 가족 그리고 한동안 우리의 인생길을 함께했던 사람과 '항상' 연결되어 있다. 그들과 불화로 얽혀 있든, 감사나 존중, 사랑으로 연결되어 있든지 간에 말이다. 아마 '전' 배우자 또는 '전' 애인과 평화롭게 지내지 못했을수록 그들과 내면적으로 계속 연결되어 있다는 말을 받아들이고 싶지 않을 것이다.

사람 사이에 이별이란 존재하지 않는다. 우리의 머릿속에서만 존재하는 개념일 뿐이다. 자연이나 인간관계에서 모든 것은 서로 연결되어 있고 누구와도 영원히 떨어질 수 없으며 서로서로 영향을 주고받는다. 언제 어디서나 모두 연결되어 있다. 이런 생각에 대해 당신의 이성은 '말도 안 돼'라고 강하게 거부할지도 모른다. 하지만 당신은 과거에 불화를 겪었던 핵심 인물과 같은 이유로 당신을 화나게 하는 또 다른 사람을 현재의 삶에서 만날 것이다. 그리고 크고 작은 갈등과 위기를 겪으면서 과거와 동일한 감정이 솟구쳐 오르는 것을 느낄 것이다.

그 사람만 없어지면 행복할 것 같아요

가족이나 주변에 있는 또라이 천사들 때문에 시달리다 보면 당신은 이런 질문에 답을 얻고 싶을 것이다.

"그 사람들은 대체 왜 그럴까?"

"나도 그만 화내고 싶은데 왜 이렇게 화가 나지?"

"그냥 참고 견뎌야 하는 건가?"

"이대로 계속 당하고만 있어야 하나?"

"대체 내 인생에 왜 그런 사람들이 나타난 걸까?"

공통점을 한번 살펴보자. 당신은 당신의 감정 버튼을 누르는 모든 사람들에게 충동적으로 불쾌감을 드러낼 것이다. 대부분 짜증이나 분노, 때로는 냉정을 잃고 증오마저 느낀다. 그리고 이렇게 생각하고 말한다.

"그 사람 때문에 화나. 짜증나."

하지만 진실은 다르다. 당신을 화나게 한 것은 그 사람이 아니다. 그저 그 사람과 그 사람의 행동에 대한 당신의 생각과 태도가 스스로를 화나게 만든 것이다. 그리고 그 상황에 속수무책으로 내던져졌다는 생각 때문에, 자신의 감정이 상대방에게 달려 있다고 느낄 뿐이다. 사실 당신은 상대방이 아니라 자신의 감정에 속수무책으로 당한 것이다. 이러한 생각의 전환이 바로 우리가 앞으로 바꿔나가야 할 태도의 핵심이다.

●그 사람은 왜 그럴까? vs 나는 왜 화가 날까?

우리가 어떤 사람 혹은 어떤 상황 때문에 화가 나고 짜증이 날 때면 오래전에 우리의 내면에 넣어두고 억압하고 있던 무의식이 함께 나타난다. 우리는 사실 상대방의 태도 때문이 아니라 내면 깊숙이 자리 잡은 무의식 속의 무력감 때문에 화가 난다. 무력감은 자유를 빼앗기고 어딘가에 구속된 듯한 느낌을 준다. 그런 느낌을 좋아하는 사람은 아무도 없다. 우리는 자유롭고 싶은데 '사랑하는 주변 사람들' 때문에 자꾸만 가로막히니, 자유와 행복이 그들의 태도에 달렸다고 생각하게 된다.

우리는 생후 몇 년 동안 누군가의 보살핌을 받으며 살아간다. 부모, 조부모 나중에는 양육자 또는 교사들에게 의존한다. 이들은 종종 아이의 자유를 억압하고 권력을 행사한다. 하지만 이는 아이를 보호하기 위해서도 필요하다. 다섯 살짜리가 다짜고짜 "아빠하고 더는 같이 살기 싫어!"라고 말한다고 해서 아이의 의사를 존중해 따로 살 수는 없기 때문이다.

그런데 문제는 자유를 억압당하던 그 아이가 성인이 되어서도 마음속에 살아 있다는 것이다. 정확히 말하자면 그 아이가 억눌러온 감정이 내면에서 생생하게 숨 쉬고 있고, 바로 그 아이가 지금까지도 여러 상황에서 당신의 반응을 조종하고 지배한다는 사실이다. 또한 우리를 분노하게 하는 것은 상대방이 아니라 상대방의 내면에 살아 있는 아이 또는 청소년이다. 그렇기에 우리는 연인 혹은 부부 사이에, 가족 간에, 회사에서 마치 유치원생과 같은 모습을 가끔씩 보이게 된다. 어른들이 어른답게만 행동한다면 무슨 문제겠는가? 우리에게 숨어 있는 이 어린아이, 즉 원초적인 감정들이 드러나기 때문에 문제가 생기는 것이다.

우리를 '힘들게' 하는 사람들이 부정적인 감정을 만들어내는 게 아니다. 이미 오래전부터 가지고 있던 원초직인 감정이 그들의 행동을 통해 드러나는 것뿐이다. 우리 안에 가라앉아 있던 감정을 끄집어내고 아직 낫지 않은 상처를 후벼 파기 때문에 아픈 것이며, 아픈 만큼 분노하게 되는 것이다. 하지만 아무리 아프더라도 이 과정은 아주 의미 있다. 우리가 비록 아직까지 그 의미를 알아차리지 못했더라도 말이다.

왜 그럴까? 헤어진 애인, 절교한 친구, 아들이나 딸, 상사나 동료, 시어머니 등 주변 사람들이 그런 행동을 하지 않으면 우리는 그 감정을 스스로 들여다보지 못하기 때문이다. 이 감정들은 평화롭고 조화로운 것과는 아주 거리가 멀다. 우리는 이 감정들을 수십 년간 거부하고 억누르며 외면해왔기 때문에 여전히 자세히 들여다보려고 하지 않는다.

● 그들 '덕분에' 마주하는 감정들

우리가 어린 시절부터 억압하고 억눌러온 감정들은 우리 몸 속에서, 정확히 말하면 '에너지 체(體)'에서 또 다른 감정들을 만들어낸다. 에너지 체란 눈에 보이는 물리적인 몸과 달리 눈에 보이지 않는 미세한 물질로 이루어진 몸을 말한다. 나무,

꽃, 동물 등 모든 물질은 홀로 존재하지 않고 항상 이 에너지 체에 둘러싸여 있다. 에너지 체에서 뿜어져 나오는 에너지는 생각, 감정, 느낌 등으로 이루어져 있으며, 눈에는 보이지 않지만 모든 사람이 인지할 수 있다.

감정을 억누르다 보면 에너지 체는 무질서, 압박감, 속박, 중압감 등 우리를 짓누르는 새로운 감정을 만들어낸다. 이 감정들은 흘러가고 싶어 하지 우리 안에 정체되고 싶어 하지 않는다. 그런데도 감정이 계속 정체되다 보면 몸에 이상이 생기기 마련이고, 다른 사람들과도 계속해서 갈등을 겪게 된다. 우리가 건강하고 평화롭고 행복한 존재로 살아가려면 '분노 버튼을 누르는 사람들'을 다른 눈으로 바라봐야 한다.

우리에게 상처를 주는 사람들의 행동을 정당화하거나 심지어 잘했다고 미화하려는 게 결코 아니다. 하지만 사람들이 왜 당신을 사랑하지 않고 존중하지 않으며 예의와 이해심을 가지고 대하지 않는지, 왜 자꾸 그 사람들 때문에 괴로운지 알고 싶다면 이런 새로운 생각에 마음을 열어보자. 분노와 갈등에서 벗어나 자기 자신 그리고 세상과 평화롭고 조화롭게 살아갈 길을 찾을 수 있을 것이다.

따라서 가족이나 직장에 있는 또라이 천사가 주는 첫 번째 '선물'은 오래전부터 끌고 다니던 자신의 감정들과 직면하게 해주는 것이다. 지금까지 우리는 그 감정들이 스스로 창조해 낸 거라는 사실조차 알아차리지 못했지만 이제는 그 감정들을 살필 수 있다. 하지만 그전에 가장 먼저 필요한 것은 그 감정이 '당신'의 분노이고 '당신'의 짜증이며 '당신'의 무력감이라는 것을 깨달아야 한다. 그리고 다른 사람들이 냄새를 맡고 보고 느낀 후 무의식적으로 누르는 '당신'의 감정 버튼이라는 사실을 이해해야 한다. 이런 감정 버튼과 그 뒤에 숨은 감정들에 대해 스스로 만들어냈다는 책임감을 느껴야 하고, 이를 긍정하고 시인하며 이렇게 말할 수 있어야 한다.

"맞아요. 내 감정이에요. 지금 나에게 있는 감정이고, 과거에 내가 만들어낸 거죠."

아무리 화내고
애원해도
똑같아요

'그 사람이 나에게 조금만 더 친절하고 협조적이면 좋겠어. 나한테 조금만 더 신경을 써주거나 태도를 바꾸면 훨씬 잘 지낼 수 있고 서로 관계도 좋아질 텐데.'

　누구나 이런 생각을 수도 없이 해봤을 것이다. 그렇다. 어디까지나 우리의 희망 사항이다. 그 사람에게 다르게 행동해 달라고 얼마나 자주 이야기했는지, 그리고 어떻게 이야기했는지도 분명히 기억하고 있을 것이다. 정말 친절한 말투로, 간절함을 담아서 말했는가? 어떤 압박이나 비난, 강요하는 느낌 없이?

● 도대체 나한테 왜 그랬어?

당신이 원하는 바를 어떤 식으로 표현해도 소용없다. 여전히 당신은 상대방에게 화가 나 있고 그를 비난하고 마음대로 판단하면서 자신은 '피해자', 상대방은 '가해자'라고 여긴다. '내가 화난 것은 그 사람 때문이야'라고 생각하는 한 상대방은 변하지 않는다. 그리고 그렇게 생각하는 이상 아무리 아름다운 관계를 원한다고 해도 상대방에게 애정을 담아 얘기할 수 없다.

많은 사람들이 갈등과 대립 상황에 놓였을 때 가장 중요하고 결정적인 부분을 알아차리지 못한다. 바로 당신을 힘들게 하는 사람들도 지금 그렇게밖에 할 수 없다는 사실이다. 당신에게 상처를 주고 화나게 만들며, 또 불쾌감을 주거나 불친절한 그 사람은 그렇게밖에 얘기할 수 없고, 그렇게밖에 행동할 수 없다. 그것은 그 사람 내면의 강박과 같다. 완전히 무의식적이고 반사적으로 행동하기 때문에 자신이 지금 무슨 행동을 하는지, 왜 그렇게 행동하는지 정확히 알지 못한다. 그리고 일상에서 우리의 모습을 자세히 관찰해보면 우리 역시 무의식적이고 강박적으로 나중에 후회할 게 뻔한 행동과 말을 한다는 것을 알 수 있다. 그럴 의도가 전혀 없었는데도 그렇게 행동하고 말을 한다.

이 부분을 이성이 아니라 마음으로 '느끼고 이해'하게 되면, 우리는 상대방의 태도보다 자기 자신에게 열중할 수 있다. 그리고 이런 고통스러운 만남에 대해서도 명료한 깨달음을 얻을 수 있다. 따라서 상대방의 행동이 나에게 어떤 반응을 일으키는지, 나의 행동이 상대방에게 어떤 반응을 일으키는지 잘 들여다봐야 한다.

● 생각하는 대로 삶은 움직인다

창조적인 에너지를 발산하는 존재인 우리는 매일 세상에 무엇을 내보내는가? 우리가 세상 밖으로 내보내는 것은 우리의 말뿐만 아니라 생각, 확신, 감정들이다. 우리가 생각하고 느끼는 모든 것을 끊임없이 전자기파를 통해 발산하고 이런 파동은 다른 사람의 진동체(물리적인 에너지 체가 아니라 미세한 물질로 이루어진 에너지 체)에 부딪혀 그들에게 어떤 작용을 일으킨다. 이는 각기 다른 영역에 부딪히기 때문에 모두가 우리에게 동일한 반응을 보이지는 않는다. 그들의 반응, 즉 그들로부터 '되돌아오는 소리'는 그들이 지니고 있는 에너지의 질과 양에 달려 있다. 그들의 생각, 확신, 억압되어 있던 감정, 삶과 경험에서 자기 자신과 다른 사람을 대하던 방식에 따라 다르다.

자기 자신에게 불만을 품고 있고, 자신의 많은 부분과 삶을 거부할 뿐만 아니라 자신이 사랑받을 만한 가치가 없다고 생각하는 두 사람이 만났다고 상상해보자. 서로가 발산하는 에너지가 만났을 때 어떤 일이 일어날까? 에너지의 관점에서 보면 불협화음(일종의 부조화)이 일어나서 두 사람은 내면적으로 서로에게 거리를 두거나 서로 맞붙어 다투게 된다. 내면적으로 자기 자신을 거부하고 사랑하지 않는 사람은 상대방에게 이렇게 말하지 못하기 때문이다.

"당신을 만나서 정말 좋아요. 우리는 공통점이 있어요. 당신은 자신을 사랑하지 않고 나도 그래요. 정말 멋지죠?"

어린 시절에 부모로부터 끊임없이 "인생은 전쟁터야!" 또는 "조심해. 인생은 온통 위험으로 가득해!"라는 말을 듣고 자란 두 사람이 만나면 어떤 일이 일어날까? 둘은 본능적으로 공격이나 방어 태세를 취할 것이다. 상대방이 가지고 있는 삶에 대한 기본 인식과 잠재적인 위험을 감지하기 때문이다. 아무리 무의식적이라고 해도 마음속 깊이 인생을 전쟁으로 생각하는 사람은 실제 삶에서도 계속 싸울 일을 겪게 되고 싸울 사람과 사건, 계기를 맞닥뜨리게 된다. 부모가 힘들게 싸우며 사는 모습을 지켜봤기 때문이다. 그리고 인생은 불안하고 위험으로 가득하다는 확신을 가진 사람은 그러한 상황들을 자신도 모르는 사이에 자주 만나게 된다.

우리는 아이를 만들 듯이 각자 가지고 있는 확신을 통해 무언가를 만들어낸다. 하지만 자신이 무엇을 만들고 있는지 의식하지 못하고 확인하는 법도 배우지 못했기 때문에 원치 않던 것들을 불러일으킨다. 바로 갈등, 전쟁, 결핍, 상실, 고통, 질병, 고뇌 같은 것들을 말이다. 과격하게 들리겠지만 사실이다.

● 처음 만난 사람도 3초면 스캔 완료

앞으로 낯선 사람을 만나면, 자기 자신 안에서 어떤 일이 일어나고 어떤 생각을 하는지 잘 관찰해보자. 자신은 마음이 열려 있고 친절하다고 생각할지도 모르겠다. 하지만 새로운 사람을 만났을 때 먼저 눈으로 1~2초 동안 '스캔'을 하고, 그 사람과 말 한 마디 나누기도 전에 이미 판단을 하고 선입견을 가진다는 사실에 충격을 받을지도 모른다. 우리는 반사적으로 상대방을 일정한 카테고리로 분류하거나, 상대방의 이마에 '호감'이나 '비호감', '편안함'이나 '불편함', '신뢰'나 '위험', '무난함'이나 '또라이' 등의 딱지를 붙인다.

최근에 만난 새로운 동료나 상사, 새로 이사 온 이웃을 떠올려보자. 그 사람을 처음 봤을 때 어떤 생각을 했는가? 처음 본 그 순간, 당신은 그 사람을 어떤 카테고리에 분류해놓았는가?

제 주변에는
왜 이런 사람들만
꼬일까요?

당신에게 짜증과 분노, 무기력 또는 무력감, 죄책감이나 위축
감을 불러일으키는 사람들은 당신의 인생에 우연히 나타난
게 아니다. 이런 사람들과 만나는 게 불편하고 고통스러울지
라도 그 사람들은 당신을 '위해서' 등장한 것이다. 그렇다. 당
신은 제대로 읽은 것이 맞다.

●그 사람은 무의식 속의 나를 흔든다

매번 당신의 기대를 무너뜨리고, 당신을 괴롭히고 속이고 떠나는 사람들. 이 사람들은 모두 당신을 '위해서' 나타났다. 바로 나쁜 감정 뒤에 숨어 있는 근본적인 감정을 깨닫고, 인간관계가 무엇에 영향을 받는지 배우기 위해서이다.

가족 간의 문제나 직장 내 갈등 같은 모든 외적인 불화는 내면의 해결하지 못한 문제를 명쾌하게 풀 절호의 기회다. 위기는 우리를 뒤흔드는 동시에 각성시키며, 익숙한 궤도와 판에 박힌 일상적인 삶에서 이탈시킨다. 우리가 겪는 갈등, 크고 작은 대립, 다툼, 싸움들도 이러한 위기처럼 우리를 흔들어 깨워준다. 그동안 우리는 무의식 상태에서 생각하고 말하고 행동하고 느끼며 자신이 처한 상황을 만들어냈기 때문이다. 앞서 말했듯 우리는 자신이 무슨 행동을 하는지 제대로 알지 못하며, 스스로 고통과 다툼을 유발하는 것들을 끌어당기고 있다는 사실도 알지 못한다.

우리는 생각이든 감정이든 의식적으로 창조해낼 수 있는 힘이 있지만, 부모에게 그에 대한 구체적인 지도나 안내를 받은 적이 없기 때문에 부모가 자신과 다른 사람들을 대하는 자세를 그대로 받아들여왔다. 보고 배울 만큼 부모의 삶이 행복하지 않아도 어쩔 수 없이 그대로 보고 따라할 수밖에 없었다.
부모보다 훨씬 더 잘하고 싶었는데도 말이다.

● 나는 나를 사랑하는가?

우리와 다른 사람들 사이에 일어나는 모든 불화의 첫 번째 원
인은 우리 자신에게 있고, 무엇보다도 자기 자신과 어떤 관계
를 맺고 있는지에 달려 있다. 이는 스스로 이미 알고 있거나
적어도 짐작은 하고 있을 것이다. 자신과 어떤 관계인지 알고
싶다면 오래 고민할 필요도 없이 내면을 솔직하고 자세히 들
여다보고 귀를 기울일 용기를 내면 된다.

당신의 분노 버튼을 누르는 일부 사람들과 평화롭지 못하
다면 이는 자기 자신과도 평화롭지 못하다는 의미다. 당신만
그런 게 아니다. 거의 모든 사람이 자기 자신과 그야말로 전쟁
을 벌이고 있다. 왜냐하면 인간의 가장 큰 적은 바로 자기 자
신이며, 어릴 때부터 자신의 많은 부분을 거부하고 비판하며
맞서 싸워야 한다고 배웠기 때문이다. 이런 말이 너무 극단적
으로 들릴 수도 있지만 실제로 많은 사람들이 그러고 있다.

이와 관련해서 다음 질문에 답을 해보자. 자신의 어떤 부분

이 아주 사랑스러운가? 자신이 여자 또는 남자인 것이 좋은
가? 당신은 환한 빛을 발하는 행복한 사람인가, 또는 유쾌하
고 당당한 사람인가? 잘 모르겠으면 거울을 들여다보자. 자신
의 몸을 좋아하고 존중하는가, 아니면 불만스러운가? 스스로
를 안아주며 공감과 사랑을 담아 "나는 나의 가장 좋은 친구
야. 나는 있는 그대로의 나를 사랑해"라고 말할 수 있는가?

소위 기독교 국가라고 하는 서양에서도 마지막 질문에 대
해 90%가 "아니요"라고 답했다. 이 사실을 인정하는 것이 불
편하지만 그래도 사실이다. 하지만 몇 년 전부터 점점 더 많은
사람들이 비로소 자기 자신을 사랑하고 존중하는 것은 이기
주의와 나르시시즘이 아니라는 것을 깨닫기 시작했다. 또한
자신을 사랑하는 마음이야말로 부부 관계, 직장 생활, 경제,
사회, 정치 그리고 이 세상에서 평화로운 인간관계를 유지하
는 가장 중요한 토대라는 것을 인식하기 시작했다.

자신을 진정으로 사랑하지 않고 수천 가지 일로 자신을 비
난하고 비판하면서 죄책감을 느낄수록, 당신은 그런 부정적
인 생각과 그에 동반되는 감정들을 세상으로 발산한다. 그리
고 아주 무의식적으로 당신이 자신에게 그렇게 하듯이 다른
사람에게도 당신을 불친절하게 대해도 된다는 메시지를 전한
다. 그러므로 스스로 사랑하지 않고 존중하지 않으면 주변 사

람들도 당신을 사랑하거나 존중하지 않는다는 것을 항상 염두에 누어야 한다.

● 나는 사람들에게 어떤 에너지를 풍기는가?

당신은 자기 자신을 어떻게 생각하는지, 지금까지 자신의 삶에 대해 어떻게 생각하고 느끼는지 감출 수 없다. 당신 자신은 물론이고 생각, 확신, 사고방식 모두가 투명하게 드러난다. 다시 말해 모두가 읽을 수 있다. 당신이 원하든 원하지 않든 그 생각은 감정, 눈, 목소리, 몸짓, 자세, 심지어 체취를 통해서도 발산된다. "그 사람 냄새도 맡기 싫어"라는 말이 괜히 있는 것이 아니다. 당신의 주변 사람들, 특히 당신과 가장 가까운 배우자, 자녀, 부모, 시부모, 친구, 직장 동료들은 당신이 내뿜는 분위기의 메시지를 알아차린다. 편의점 계산대 직원이나 주유소 직원도 당신이 구입하는 물건만 스캔하는 것이 아니라 당신만의 특별하고 독특한 '바코드'도 스캔한다. 그들은 본능적으로 당신 안에 어떤 에너지가 저장되어 있는지, 자기 자신과 삶에 대해 어떤 생각을 가지고 있는지 당신의 분위기를 통해 느낄 수 있기 때문이다.

● 아이들은 부모의 모습을 보고 자란다

우리는 다른 사람들에게 친절, 인정, 존경, 관용, 존중, 칭찬 그리고 결국에는 사랑을 기대한다. 하지만 정작 자기 자신에게는 이런 것을 베풀지 않는다. 이는 불합리한 태도다. 우리는 다른 사람이 우리를 비난하거나 함부로 판단하고 우리에 대해 안 좋은 말을 하거나 심지어 괴롭히는 것을 끔찍이 싫어한다.

그런데 대부분의 사람들이 매일 자기 자신에게 그렇게 하고 있다. 우리는 아이들이 행복하게 잘 지내기를 바라지만 정작 부모인 우리는 우리 감정의 행복과 균형을 위해 애쓰지 않고 몸을 잘 돌보지 않으며 마음을 들여다보지 않는다. 그리고 내키지 않은 일을 하고 희생을 하며 불행해하는 모습을 아이들에게 보여준다. 이러한 모습을 보고 자란 아이들이 우리의 바람대로 행복해질 수 있을까?

당신을 비난하려고 하는 말이 아니다. 앞서 언급한 사례가 당신에게 해당된다고 해서 죄책감을 느끼지 않기를 바란다. 이런 고통스러운 놀이는 이미 충분히 했다. 이제는 자신을 좀 더 사랑하기 위해 자신의 감정과 새롭게 마주할 때다.

사람들은 매일 자신의 개인적인 불화와 불만을 지니고 다니며 이를 집, 회사, 친구 또는 애인과 만나기로 한 카페에 달고 온다. 지금까지 자기 자신에 대해, 또한 다른 사람들에 대해 생각하고 느끼는 모든 것이 몸속에 전부 저장되어 있기 때문이다. 우리의 모든 과거가 '지금' 이 몸속에 저장되어 있는 것이다. 이제 다음 장에서 우리가 과거에 생긴 감정으로부터 어떻게 영향을 받고 있는지 알아볼 것이다. 그전에 다음 장에 있는 체크리스트를 통해 '나'에 대해 좀 더 깊이 알아보도록 하자.

 나는 나에 대해 어떻게 생각할까?

자신도 모르게 불쾌한 사건과 감정을 인생에 얼마나 끌어들이고 있었는지 알아볼 준비가 되었는가? 먼저 자기 자신을 어떻게 생각하는지 솔직하게 들여다보자. 다음에 나열한 생각들을 한번 살펴보고 해당되는 것과 아직 해당되지 않는 것들을 골라보자.

다음 생각들 중에서 자신에게 해당되는 것은 무엇인가? 체크해보자.

- ☐ 나는 멋있고 사랑받을 만한 사람이다.
- ☐ 나는 내가 지금까지 경험한 모든 일이 자랑스럽다.
- ☐ 나는 내 몸을 좋아하고 몸이 나를 위해 해주는 모든 일에 감사하다.
- ☐ 나는 여자(남자)인 것이 좋고 여자(남자)로 살아가는 지금의 삶이 정말 좋다.
- ☐ 나는 이 세상과 주변 사람들에게 줄 것이 정말 많다. 그리고 다른 사람들에게 베풀 때마다 매우 기쁘다.

☐ 나는 살면서 많은 도전을 했고 이미 성공적으로 극복해냈다. 그런 나 자신이 사랑스럽다.

☐ 나는 내 안에 숨은 가능성과 재능을 발견해나가는 것이 재미있다.

☐ 나는 나의 가장 좋은 친구다.

☐ 나는 내가 때로 약하고 지치더라도, 그런 나를 안아줄 수 있다.

☐ 나는 힘든 일이 생기더라도 극복할 수 있을 거라고 믿는다.

☐ 나는 나만의 가치가 있고 소중한 사람이기 때문에 다른 사람과 비교할 필요가 없다.

☐ 다른 사람들이 뭐라고 하든지 언제나 나는 내 편이다.

☐ 나는 만나는 모든 사람을 기쁘게 한다.

몇 개나 체크했는가? 아직 이런 생각이 낯선가? 이 생각들은 자기 암시처럼 큰 소리로 중얼거린다고 해서 쉽게 받아들여지지 않는다. 그런 속임수로는 당신의 무의식을 속일 수가 없기 때문이다. 그보다 먼저 자기 자신에 대해 지금까지 가지고 있는 생각을 살펴보고, 자신에게 솔직해져라. 다음 내용들을 살펴보고 해당되는 것에 체크해보자.

☐ 나는 있는 그대로의 나를 온전히 받아들일 수 없고 사랑할 수 없다. 그리고 내가 특별히 사랑받을 만한 존재라고 생각하지 않는다.

☐ 가끔은 나조차도 나 자신을 견딜 수 없다.

- [ ] 나는 내 인생에서 이미 많은 실수를 저질렀고 그중 많은 것을 용서할 수가 없다.
- [ ] 때로는 내 몸이 창피해서 몸을 감춘다.
- [ ] 때로는 내가 실패자나 패배자 같다.
- [ ] 내가 여자(남자)인 것이 정말 끔찍이 싫다.
- [ ] 주위 사람들에게 특별히 줄 만한 것이 내게 있는지 잘 모르겠다.
- [ ] 나는 인생에서 실패했다.
- [ ] 나는 스스로 나의 길을 가로막고 있다. 때로는 내 인생에서 나의 존재가 방해된다.
- [ ] 나는 거울 속에 비친 내 얼굴을 오래 쳐다보기가 힘들다.
- [ ] 나는 나를 증오한다.
- [ ] 나는 나를 좋아해주는 사람들이 필요하다.

이런 생각들은 당신에게 실망과 고통을 가져다준다. 우리는 믿는 대로 착각하게 되기 때문이다. 그리고 앞서 언급했듯이 주변 사람들은 당신의 그런 생각을 본능적으로 알아차린다. 자신을 낮게 평가하고 함부로 판단하는 사람은 스스로를 거부하기 때문에 다른 사람마저 거부하는 경향을 보인다. 또한 다른 사람에게 인정이나 존중, 사랑을 받기 어렵다. 그리고 자신이 스스로를 대하듯이 다른 사람들에게도 그렇게 대하라고 무의식적으로 요구하기 때문이다.

2장

"왜 자꾸 그 사람만 보면 화가 날까?"

분노 뒤에 움츠러든 속마음의 정체

들키고 싶지 않은
상처가
화를 만든다

수십 년 전 우리의 유년 시절과 청소년 시절에 있었던 일들은
여전히 지금의 우리 감정과 관계에 영향을 미친다. 그 당시에
부모, 형제자매, 경우에 따라서는 조부모와 경험한 모든 일이
오늘날 우리의 모습과 살아가면서 느끼는 감정은 물론이고,
사적인 관계부터 직장에서 인간관계까지 엄청난 영향을 미친
다. 우리의 머리는 이제 30년 전, 40년 전 또는 그보다 더 오래
전에 있었던 일을 중요하지 않다고 생각한다. 그러나 이것은
엄청난 착각이다. 특히 짜증, 실망, 상심, 분노와 무력감, 시기
와 질투 등의 감정은 물론이고 주변 사람들과 겪는 모든 불화

는 아주 오래전 아이였을 때 느낀 감정을 여전히 해결하지 못했다는 의미다.

• 시간이 해결해주지 못하는 것

과거는 우리가 어디를 가든지 따라다닌다. 지구 반대편으로 이민을 가도, 독립하여 부모와 떨어져 살거나, 부모 형제와 관계를 끊고 모든 관계가 '끝난' 것으로 여긴다 할지라도 항상 따라다닌다. 인생의 모든 순간, 심지어 어머니의 배 속에 있던 시간들까지도 우리의 감정과 생각, 신체적인 느낌과 함께 우리 안에 저장된다. 과거에 다른 사람 또는 나 자신과 해결하지 못한 부분들은 우리의 에너지를 차단하여 짜증, 불만, 갈등 등 여러 질병을 유발한다. 모든 에너지는 자유롭고 가볍게 흘러가야 하는데, 이 부분에서 에너지가 원활하게 흘러가지 못하기 때문이다. 이 때문에 삶의 기쁨과 사랑 그리고 숨과 피마저 제대로 흘러가지 못한다.

우리는 과거로부터 결코 도망칠 수가 없다. 도망치려고 할수록 과거는 더욱 끈질기고 고통스럽게 따라잡는다. 자기 자신과 과거로부터 도망치는 것은 이제 불가능하다. 과거를 찬

찬히 뒤돌아보기 꺼리는 마음을 나는 충분히 이해한다. 하지만 운전할 때 가끔 백미러를 쳐다봐야 하는 것처럼 이 일은 아주 중요하다. 대부분의 갈등과 오늘날 우리가 느끼는 불만, 짜증, 불화의 많은 원인은 부모에게 의존해서 살아가야만 했던 어린 시절까지 거슬러 올라가야 하기 때문이다. 그 시기에 우리는 삶을 결정할 권한도, 힘도 없이 다른 사람에게 의존하면서 불안한 시간을 보내야 한다. 그리고 충분한 관심과 인정, 사랑을 받지 못할 수도 있다는 불안감에 예민해진다. 그 당시에 느낀 무기력과 불안, 짜증과 분노, 그 외에 다른 감정들은 성인이 된 뒤 다른 사람들과 사건 등을 겪으면서 다시 올라온다. 상사, 친구 또는 시어머니 아니면 오빠나 남동생을 통해서 말이다.

● 진짜 상처는 과거에 있다

이런 질문을 던져보고 싶다. 현재 당신을 짜증나게 하고 화나게 하며 상처를 주는 사람은 '어떤' 사람인가? '어떤' 사람들 앞에서 무력감을 느끼거나 할 말을 잃는가? 심지어 마비된 것 같은 느낌이 드는가? 직장 동료나 이웃 사람들 중에서 '어떤'

사람과 가급적 마주치지 않으려고 피해 다니는가? 또 '어떤' 사람들을 특히 싫어하고 심지어 역겹다고 느끼는가?

자기 자신은 물론 주변 사람들과 평화롭게 지내고 행복한 삶을 살고 싶은가? 그렇다면 앞에서 언급했듯이 내가 '어떤' 사람을 대할 때 특히 예민하고 불쾌해지는지 알아야 한다. 이 사람들은 당신에게 아주 소중하고 중요한 사람들이다. 이들 모두는 당신이 어린 시절이나 청소년 시절에 만났던 어떤 사람의 모습을 보여주는 대리인이거나, 당신의 또 다른 모습을 세상 밖으로 끄집어내는 사람들이다.

당신을 짜증나게 하고 화나게 하며 때로는 뚜껑이 열리게 만들고 실망시키며 업신여기는 사람들. 그들이 당신의 인생에 등장한 이유를 자세히 알아볼 마음의 준비가 되었는가? 이런 사실을 알아차리는 것은 결코 유쾌한 일은 아니다. 하지만 이를 통해서 스스로에게 줄 수 있는 선물이 있다. 바로 기쁨과 만족, 즉 간단히 말해서 행복한 삶을 자기 자신에게 선물해줄 수 있다.

나도 모르게
화냈지만
사실 사랑받고 싶었어

우리는 아주 어렸을 때부터 정도의 차이는 있지만 어떻게 행
동해야 하는지 교육받으며 자랐다. 일찍부터 부모, 양육자 그
리고 교사가 생각하는 좋은 것과 나쁜 것을 구분하는 법을 배
웠고 어떻게 할 때 칭찬과 사랑을 받는지, 또 어떻게 할 때 비
난과 미움을 받는지, 심지어 체벌까지 받게 되는지 깨달았다.
그리고 가능하면 사랑과 칭찬을 받기 위해 노력했고, 비난과
벌은 받지 않으려고 애썼다. 이처럼 우리는 어릴 때부터 '좋
음'과 '나쁨' 또는 '악함'의 특징과 행동 방식으로 구분하는 인
간상에 대해 명확하게 배운다. 어린 시절에 우리는 최소한 한

사람의 관심과 사랑에 전적으로 매달리고 의존할 수밖에 없었으므로 그 사람의 기대와 소망을 최대한 충족시키려고 노력한다.

대부분의 사람들이 아직도 다른 사람과 맺는 관계에서 이런 비슷한 태도를 보인다. 특히 연인 관계, 친구 관계는 물론이고 직장에서도 그렇다. 전달받는 메시지 역시 똑같다.

"우리는 너를 사랑해/너를 좋아해/네 곁에 있을 거야/너를 돌보거나 지지해줄 거야. 네가 우리를 화나게 하지 않고, 기쁘게 하고, 잘 맞춰주고, 순응하고 잘 따르고 걱정 근심을 끼치지 않고, 우리 말을 잘 따르고 기대에 어긋나지 않고 열심히 한다면 말이야. 너도 우리처럼 평범해져야 해! 만약 그렇지 못하면 곤란해질걸!"

우리는 태어나서 여섯 살이 채 되기도 전에 자기 자신을 비난하고 거부하고 감추는 것을 배우면서 다음과 같은 확신을 얻게 된다.

'난 사랑스럽지 못해. 다른 사람들이 내 진짜 모습을 알아차리지 못하게 조심해야 해! 이대로는 안 돼! 더 나은 다른 모습이어야 해.'

● 사실 나는 스스로에게 화가 났다

우리가 성인이 되어 사람들 또는 세상과 겪는 갈등과 불화는
바로 이 시기에 잉태된 것이다. 하지만 앞서 말했듯이 누구의
'잘못'도 아니다. 우리 어머니와 아버지도 자신들이 배우고 경
험한 것을 무의식적으로 전달했을 뿐이다. 그들도 어찌할 수
가 없었다. 우리를 가르친 교사들도 마찬가지다. 그들은 최선
을 다했다. 물론 최선을 다했다는 사실을 인정하고 싶지 않고
고마움을 느끼지 못한다고 할지라도 말이다. 그래서 나이가
들수록 현실의 자아상과 원하는 자아상 사이의 간극이 점점
더 벌어진다. 여전히 당신이 거부하는 것들, 자기 자신과 전쟁
을 벌이고 있는 것들을 알아차리려면 진실을 마주할 용기가
필요하다.

하지만 이것을 인정하는 것은 고통스럽다. 우리는 내면 깊
은 곳에서 뭔가를 거부하고 수치스러워하며 스스로에게 화가
나 있기 때문에 매일 이를 바라보지 않으려고 애쓴다. 그래서
이를 억압하고 숨기고 부인한다. 자기 자신과 전쟁을 벌이고
있다는 사실을 더는 의식하지 못할 때까지 말이다. 대신에 자
신과 벌이는 전쟁을 다른 사람들에게 대입하여, 주변 사람들
과 잘 지내지 못하거나 안 좋은 일들을 그들의 탓으로 돌린다.

이 장의 맨 마지막에 정리되어 있는 성격 특징을 보면서 자신이 원하지 않는 성격이 무엇인지 찾아보자. 하지만 곧 자신에게 그런 성격이 있다는 것을 깨닫게 될 것이다.

틀린 게 아니라
다른 건데
그냥 싫어!

그 사람의 어떠한 모습이 싫다고 하면서도, 우리는 가끔 자기 안에도 그런 모습이 있다는 사실을 깨닫는다. 가령 지저분한 모습, 우물쭈물해하는 모습, 공격적인 모습처럼 닮고 싶지 않다고 생각하던 모습을 자신도 똑같이 하고 있을 때는 없는가? 어떤 특징에 대해 감정적으로 거부하는 반응이 강할수록 당신에게도 그런 모습이 있다는 사실을 기억하라. 당신도 가끔 그렇게 행동했거나 여전히 그렇게 행동하고 있을 것이다.

●유독 나를 예민하게 만드는 사람들

우리는 어떤 감정 상태 혹은 특성을 거부하고 억압하도록 배웠다. 그리고 그 감정의 반대 감정들을 옳은 것으로 생각하고 더 강조하면서 이렇게 마음속으로 되뇌인다. '나는 이러이러해. 그 반대는 절대 아니야.' 예를 들어 당신은 정리 정돈을 특히 중요하게 여기는데, 당신의 배우자나 딸, 아들이 함부로 집 안을 어지르는가? 그래서 자주 화가 나는가? 이때의 분노는 당신 내면에 정돈되지 않은 뭔가가 있고 그것을 살펴보라는 요구이다. 가령 당신의 생각이나 자기 자신 또는 다른 사람과 맺은 관계 등이 어지러운 것이다. 아니면 지하실이나 서랍, 세금 관련 서류 등 미처 정리되지 않은 부분이 있을 것이다.

마찬가지로 자기 자신이나 다른 사람과 겪는 불화는 내면의 무질서를 보여준다. 우리가 하나의 측면만 일방적이고 완고하게 주장할수록, 우리 삶에는 그와 반대되는 사람이 등장한다. 예를 들어 성실함과 완벽함을 추구하는 사람이라면 주변에 그와 반대인 게으른 사람들이 많이 등장한다. 만약 당신이 일상의 과제들을 가능한 한 빠르고 효율적으로 처리하는 것에 자부심을 느낀다면, 당신 주위에는 '너무 느리고' 심지어 '굼벵이'라고 느껴지는 사람이 많을 것이다. 하지만 의아해할 필요는 없다. 당신 주변에 정말 행동이 느린 사람들이 있는가? 만약 있다면 그런 사람을 봤을 때 어떤 생각이 드는가?

당신이 믿든지 안 믿든지 간에 이 사람들은 그렇게밖에 할 수 없다. 그들은 전혀 의식하지 못한 채 그런 행동이나 특징을 '당신을 위해' 보여준다. 당신을 화나게 하기 위해서 일부러 그러는 것이 아니다. 이미 이야기했듯이 그렇게 할 수밖에 없기 때문이다. 그들은 다른 사람들도 가지고 있지만 슬쩍 감춰두고 아닌 척하는 것을 드러낸 것뿐이다.

●내가 거부하는 진짜 모습은 무엇인가?

다리가 두 개, 팔이 두 개, 눈이 두 개, 귀가 두 개 등 우리 몸의 많은 부분은 두 개씩이다. 우리가 숨을 들이마시거나 내뱉기만 하지 않고 두 행위 모두 반드시 필요한 것처럼 말이다. 마찬가지로 우리는 내적으로도 한 면만을 가진 존재가 아니라 두 가지 면을 모두 가지고 있다. 인간인 우리는 항상 양면적이다. 시끄럽고 조용하며, 공격적이고 평화로우며, 부지런하고 게으르며, 정직하고 부정직하며, 질서정연하고 무질서하며, 비판적이고 사랑스럽다. 하지만 대개 한쪽만을 바라고 다른 쪽은 원하지 않는다. 우리는 우리가 가진 또 다른 면을 거부하도록 배웠다.

만약 결혼을 했거나 누군가와 사귀고 있다면, 애인의 반응을 걱정해서 나의 진짜 모습을 보여주지 않을 때도 있을 것이다. 이 또한 부정직함의 한 형태이다. 어떤 부분에서는 배우자나 애인보다 친구들에게 더 솔직할 때가 있다.

그리고 만약 어린 시절에 배운 대로 항상 사랑스럽고 착하고 평화롭기만을 원하는데 실상 자신의 내면은 그렇지 못하다면, 이는 또 다른 형태의 부정직함이다. 그리고 이것은 몸에도, 인간관계에도 좋지 않다. 따라서 공격성이 다른 쪽, 즉 분노나 사고 또는 공격적인 질병을 통해서 나타난다고 해도 놀랍지 않다.

차라리 피해자라고
생각하면
편해

누군가를 비난하거나 잘못을 저질렀다며 원망하고 질책할 때마다 자신도 모르게 '사실은' 원하지 않는 일을 하게 된다. 상대방을 가해자로 지목하면서 스스로를 피해자로 만들어버리는 것이다. 그리고 다른 사람에 대한 비판자이자 심판자가 되어 그 사람보다 자신을 우위에 놓는다. 동시에 이렇게 말한다.

"네가 ○○하기 때문에/○○한 행동을 했기 때문에/○○을 하지 않았기 때문에 내가 화가 나고 괴로운 거야. 다 너 때문이야."

이런 생각을 통해 배우자 또는 애인, 자녀, 부모, 상사, 이웃,

형제자매 등 다른 사람들을 가해자로 만들고 자신은 피해자로 만들어버린다. 그리고 실제로 마치 피해자가 된 것처럼 느낀다. 우리는 이런 내면의 재판 과정에서 동시에 세 가지 역할을 한다. 즉 고소인이자 판사, 피해자가 되는 것이다. 실생활에서 점점 더 많은 사람들이 아주 사소한 일 때문에 고소를 남발하고 화를 내며 '권리'를 주장한다. 그리고 이보다 훨씬 더 많은 사람들이 끊임없이 내면의 법정에서 한탄하고 고소하고 판결을 내린다.

●그 사람 잘못이긴 한데, 나는 피해자가 아냐

대부분의 사람들은 자신이 스스로를 피해자로 여긴다는 사실을 부인한다. 내가 진행한 세미나에 참석한 한 남성은 형이 부모님의 재산을 물려받지 못하게 교묘하게 손을 썼다면서 불같이 화를 냈다. 그 남자는 분노에 차서 자신의 형을 '개자식'이라고 불렀다. 하지만 이런 선고가 자기 자신을 피해자로 만든다는 사실은 인정하지 않았다. 그는 "아니요. 형은 개자식이지만 전 형의 피해자가 아닙니다!"라고 되풀이했다.

당신의 경우도 한번 가만히 생각해보라. 지금까지도 당신이 원망하거나 비난하는 사람들에 대해 살펴보자. 당신에게 잘못을 저질렀다고 생각하는 '가해자'들의 목록을 작성해보고 그 사람들이 하지 말았어야 하는 일에 대해 적어보자. 어쩌면 격분하여 이렇게 소리칠지도 모른다. "아버지가 절 때렸어요" 또는 "상사가 저에게 폭언을 했어요" 같은 얘기들을 꺼내면서 말이다. 그렇다. 누구나 살면서 자신에게 잘해주지 않는 사람들, 무언가를 빼앗고 상처 주는 사람들을 만나기 마련이다. 그래서 '그 사람이 나한테 그러면 안 돼!'라고 생각한다.

그렇지만 진실은 이것이다. 어제 있었던 일이든, 몇 년이 지난 일이든 이미 일어났다는 것이다. 그런데도 우리는 오래전의 일 때문에 수년씩, 수십 년씩 토라지고 원망한다. 화를 돋우는 그 생각들을 곱씹으면서 '가해자'들에게 내렸던 판결을 다시 되살려내고, '그 사람은 이렇게 저렇게 했어야 해', '그 사람은 이렇게 저렇게 하지 말았어야 해'와 같은 기록으로 노트를 가득 채운다. 그리고 머릿속으로 자신을 채권자로 만든 뒤 많은 사람이 자신에게 빚을 지고 있다고 생각한다. 하지만 감정적으로는 피해자 역할을 맡는다.

● <u>피해자도 가해자도 되지 않는 법</u>

다른 사람과 불화가 있을 때마다 자신을 피해자라고 생각한 다면 어떤 문제들이 발생할까? 첫째, 신체 건강에 상당히 해롭고 둘째, 감정 상태에도 좋지 않으며 셋째, 살아가는 내내 자신을 또 다른 피해자의 자리에 데려다놓는다. 이러한 부정적인 경험들을 얼마나 자주 했는지 한번 떠올려보라. 지금껏 다른 사람들에게 얼마나 자주 실망하고 버림받고 기만당하고, 또 뭔가를 빼앗겼는가? 얼마나 자주 다른 사람들이 무시하고 윽박지르고 소홀히 대한다고 느꼈는가?

이런 경험을 통해 당신은 이 세상에는 이상한 인간들이 많다거나 인생은 불공평하다고 결론 내렸을지도 모른다. 만약 당신의 인생에서 정말 뭔가를 바꾸고 싶다면 누구에게 잘잘못이 있는지 따지는 것은 도움이 되지 않는다. 오히려 막다른 골목으로 내몰 뿐이다. 잘못을 판단하는 것은 법정에서 변호사와 검사가 설전을 벌이고 판사가 형법에 따라서 선고할 때 하면 된다. 사람들과 함께 살아가는 우리의 인생은 정해진 대로 흘러가지 않는다. 인생은 우리에게 이렇게 부르짖는다.

"너는 스스로 생각과 감정을 만들었지만 그 사실을 까맣게 잊어버렸어. 네 생각과 감정, 말과 활동은 네가 매일 세상 밖으로 내보내는 씨앗이고, 그 씨앗들은 내일 네 인생의 밭에서 싹을 틔울 거야. 네 인생의 열매와 꽃을 보면 어떤 생각을 하고 있는지 알 수 있지. 계속해서 인생의 피해자, 주위 사람들의 피해자로 남을지, 아니면 이제부터라도 창조성을 깨울지는 네 선택에 달려 있어."

그렇다. 이것은 사실이다. 정도의 차이는 있지만 우리 모두는 다른 사람에게 의존하여 살아가던 유년 시절과 청소년 시절에 고통과 실망을 경험하고 상처를 받았다. 우리는 너무 어렸고 어떤 결정을 내릴 수 있는 자유도 없었으므로 우리의 잘못이 아니다. 하지만 어른이 되어 부모의 집을 나온 후에는 (아직 부모와 함께 살고 있다고 해도) 과거의 경험을 현재의 생각과 감정에 어떻게 적용할지 오로지 자신이 선택하고 책임져야 한다. 자신이 어떤 사람이고 싶은지는 자신이 결정해야 한다. 의식하지 못한 채 자신과 다른 사람들을 비판하는 피해자인지, 아니면 자신의 내면을 의식하고 이해와 사랑을 창조하는 사람인지 결정해야 한다. 이는 인생에서 가장 중요한 결정이며, 이 결정을 통해 자신은 물론 주위 사람들과도 평화로운 관계를 만들 수 있다.

● 그들에게서 권력을 되찾아라

대부분의 사람들이 무의식적으로 피해자의 역할을 선택하며, 다른 사람들을 비난하고 불만을 쏟아내면서 매일 새롭게 그 역할을 수행한다. 당신도 그러한가? 이런 식으로 계속 피해자로 머물며 인생에 분노와 갈등을 끌어들이고 싶은가?

만약 달라지고 싶다면 이제 분명하게 새로운 결정을 내리고 이렇게 말해야 한다.

"이제 나 자신은 물론이고 다른 사람들과도 관계를 개선해 나갈 거야. 그러기 위해서 주도적으로 내 감정을 관리하고 책임을 다할 마음의 준비가 되어 있어. 깊은 내면의 평화와 외면의 평화를 위해 나아가기로 결정했어."

이 길로 나아가는 것은 가슴을 통해서만 가능하다. 다시 말해서 당신 안에 있는 사랑의 힘을 통해서만 가능하다. 두려움의 지배를 받는 혼란스러운 이성과 달리 가슴은 다르게 생각하기 때문이다.

피해자 역할이 만들어낸 무기력, 무력감, 의존성, 억압된 감정에서 벗어나야 한다. 이를 위해 감정의 창조자로서 자신의 역할을 인식하고 의식적으로 받아들이는 것이 좋다. 그저 심오한 생각으로만 머물지 않을 것이다. 이런 결정은 무력감과 속수무책의 감정에서 빠져나오게 도와주며, 현실의 삶과 삶의 질을 새롭게 만들고 재구성할 수 있는 권력을 줄 것이다.

하지만 '권력'이라는 단어에 대해 많은 사람들이 거부감과 부정적인 태도를 보인다. 그리고 무의식적으로 이렇게 말한다.

"저는 권력 같은 것은 갖고 싶지 않아요. 권력은 나쁘잖아요. 남용되는 경우도 많고."

하지만 이것은 구더기 무서워서 장을 못 담그는 격이다. 권력의 핵심은 지금 앞에 놓인 것을 새로운 것으로 만들 수 있는 힘이다. 삶에서 권력(=창조력)을 행사하지 않을수록 당신은 그 반대인 무기력을 선택하게 된다. 무의식적으로 삶과 주변 사람들에게 무기력하게 자신을 내맡기는 것이다. 당신의 이런 결정은 누구나 감지할 수 있게 외부로 발산되며 그 결과 다른 사람들이 당신에게 권력을 행사하게 된다. 당신의 자유를 제한하고 당신을 조종하고 지배하며 이용하고 부리도록 촉구하는 셈이 되는 것이다.

● 내 인생은 이제 내가 책임진다

당신은 인생의 창조자로서 자신의 삶에 책임을 져야 한다. 그렇다고 해서 원하던 대로 인생이 풀리지 않은 것에 대해 자책하라는 의미는 아니다. 이것은 잘잘못을 따질 일이 아니다. 하지만 그동안 삶이 어떻게 만들어지는지 몰랐다면 한 번쯤은 생각해봐야 한다. 그리고 자신이나 다른 사람들을 비난만 하고, 사랑하고 공감하거나 이해하려는 마음을 닫았을 때 어떤 결과가 초래되는지도 모른 채 살아왔다는 사실도 인정해야 한다. 자기 자신을 책임지고 인생의 결정들을 스스로 한다는 것은 삶에서 일어나는 일들과 자신의 몸이나 주변 사람과 맺은 관계에 대해 점점 더 의식적으로 답을 한다는 의미다. 바로 당신의 생각과 말, 행동을 통해서 말이다.

이제 내면에서 이런 발걸음을 내딛고, 자기 안에 있는 두렵고 화나고 슬픈 어린아이와 자기 자신에 대해 사랑과 공감의 마음을 열어야 한다. 그래야 활기차고 효과적으로 인생의 방향을 전환할 수 있다. 아무것도 바꾸지 않고 계속해서 피해자 역할만 하는 것은 얼핏 보기에 편해 보인다. 하지만 그렇게 만들어낸 결핍과 고통은 절망과 외로움 등 당신의 세상에 분쟁만 불러일으킬 뿐이다.

나는 참고 사는데
너는 왜
멋대로야?

어느 가정이든 들여다보면 마치 한 편의 연극을 보는 것 같다. 모두 나름의 특징을 가지고 저마다 특별한 방식으로 행동한다. 우리 모두는 자신이 무의식적으로 선택하거나 다른 사람들이 무의식적으로 지정해준 다양한 역할을 수행한다. 하지만 그 역할들이 우리의 실제 모습인 경우는 드물다.

● 나는 누구를 위해 가면을 쓰는 걸까?

우리는 자신의 안 좋은 점은 감추고 좋은 점만 드러내어 다른 사람들이 우리를 좋아하게 해야 한다고 배웠다. 우리는 물론이고 우리 부모들은 유년 시절에 자신이 가진 아주 특별한 점들이나 강점, 재능, 선호하는 것 그리고 충동들을 밖으로 드러내라는 말을 듣지 못한 채 자랐다. 진짜 자신에 대해 알아보라고 용기를 북돋아주는 사람도 없었다. 그래서 어른이 된 이후에도 자신이 진짜 누구인지 아는 사람이 드물다. 다른 사람들이 수년 동안 우리에게 한 말, 우리에 대해 해준 말들을 우리 자신이라고 생각한다. 우리는 다른 사람들의 반응을 통해 자신의 가치를 매겨왔다. 하지만 그들은 우리에게 이렇게 말해주지 않았다.

"넌 한없이 사랑스러운 존재야. 삶이 널 사랑하고 지지해준다는 사실을 잊지 마."

"네가 너 자신을 어떻게 생각하는지 항상 주의 깊게 봐봐. 넌 네가 생각하는 대로 널 느낄 거고, 다른 사람들도 널 그렇게 대할 거야."

가정이나 학교에서는 우리가 진정성을 갖춘 채 자립할 수 있도록 이끌어주지 않는다. 대신 일찍부터 순응하는 법과 자신을 위장하여 가능한 한 많이 인정받는 방법을 배운다. 또한 거절당하지 않고 '좋은 평가'를 받기 위해서는 어떻게 해야 하는지도 배운다. 그렇기 때문에 오늘날까지도 자신의 진정한 능력, 자기 자신의 진짜 마음을 탐색할 용기를 지닌 사람은 많지 않다. 심지어 진짜 마음이 있는지조차 모르는 사람들도 있다. 사람들은 거절에 대한 두려움 때문에 마음의 소리를 따르지 못하며, 자기 자신과 자신의 마음을 보여주거나 온전히 자신으로 살 용기를 내지 못한다. 그래서 많은 사람들이 자유롭지 못하다고 느낀다. 그리고 지금까지 자신이 이렇게 살아왔다는 사실에 절망하거나 화를 낸다. 이것이 바로 다른 사람들에게 화를 내는 근원이다. 많은 사람들이 자신의 인생이 '망했다'고 느끼며 중요한 것을 놓쳤거나 큰 실수를 저질렀다고 생각한다.

● 나만 참으면 별일 없을 테니까

어떤 상황이나 사람이 자신에게 맞지 않다고 느낄 때, 또는 '그건 사실 내가 원하는 게 아니야!'라고 느낄 때 "아니요"라고 말할 수 있어야 한다. 우리 부모들은 우리에게 그런 것을 가르쳐주지 않았고 지금도 그런 것을 가르쳐주는 부모는 드물다. 우리는 어른이 되어서도 원치 않는 일 앞에서 자주 "예"라고 대답한다. 그리고 우리가 그렇게 하는 이유는 무엇보다 '평화를 위해서'이며 싸우지 않고 조용히 지내기 위해서이다.

나는 이를 자기 마음에 대한 배신이자 거짓된 삶이라고 부른다. 이러한 삶이 지속될수록 삶에 불만을 품게 되고 자기 자신에게도 화를 내게 된다. 하지만 이렇게 자신에게 화가 난 이유가 자기 책임이라고 생각하는 경우는 드물며, 모든 것을 부인하고 외부에서 책임을 돌릴 사람을 찾는다. 만약 여러 사람 또는 모든 사람에게 불만을 가졌다면 그들 중에서 책임을 질 한두 사람을 선정한다. 가족, 이웃 또는 회사의 부서 안에서 말이다.

● 우리 중에 골칫덩어리는 누구?

'골칫덩어리'는 우리의 공동체와 관계에서 가장 중요하면서도 동시에 가장 보람이 없는 역할이다. 당신의 가족 중에서 '골칫덩어리'나 '희생양'의 역할을 했거나 여전히 하고 있는 사람은 누구인가? 다른 사람을 불행하게 만든다고 비난받는 사람은 누구인가? 누구와 불화가 잦고 누구를 가장 많이 헐뜯으며 뒷담화를 하는가? 가장 많이 무시를 당하고 인정받지 못하는 사람은 누구인가? 누가 주로 불리한 카드를 뽑는가?

그 사람이 혹시 당신인가? 아니면 술을 많이 마시고 틈만 나면 화를 내면서 가족까지 버린 아버지인가? 아니면 가족들을 좌지우지하고 끊임없이 고통과 한탄을 쏟아내면서 관심을 끌려고 한 어머니인가? 그것도 아니면 사람들에게 손가락질을 당하던 형제자매인가?

원치 않는데 떠맡았든 스스로 맡았든 이 역할의 사람들은 아주 중요한 일을 수행하고 있다. 이들을 배척하는 사람들은 이들을 보며 자신이 그 사람들보다 낫다고 생각한다. 자신이 '보통'이고, 더 '이성적'이며, 더 똑똑하다고 느낀다. 그리고 '보통' 사람들은 원하지 않고 의식적으로 배척하는 자신의 모든 면을 그 '골칫덩어리'에 투사한다.

● 내가 저 사람보다는 낫지!

우리는 사람들과 어울리고 싶은 기본적인 욕구를 가지고 있다. 이는 한 사람일 수도 있고 가족 또는 부서와 같은 공동체

일 수도 있다. 그런데 우리는 일찍부터 다른 사람들과 비교당하며 자랐다. 형제자매, 옆집 아이, 학급에서 우수한 아이, 이웃 또는 친척들 사이에서 시도 때도 없이 비교를 당했다. 그리고 우리 인류는 "그 사람이 너보다 낫네" 또는 "내가 그 사람보다 잘났어"라며 고통스럽고 마음 상하는 '비교 게임'을 벌써 수천 년째 하고 있다. 하지만 이 습관은 우리의 진짜 본성과 관련된 것은 아니다. 그저 학습되고 계승되어온 사고방식과 행동 패턴일 뿐, 절대 자연스러운 것은 아니다. 우리의 진짜 마음에도 맞지 않는 행동이다. 비교는 나와 다른 사람 또는 다르게 행동하는 사람에 대한 사랑, 공감, 이해, 존중, 인정과는 전혀 관련이 없는 행동이다.

'내가 너보다 낫다', '우리가 너희보다 낫다'라는 생각이 세상에서 벌어지는 전쟁과 사람 사이에서 일어나는 다툼의 근본적인 원인이다. "우리의 신이 옳고 너희의 신이 잘못됐어", "우리는 부지런한데 너희는 게으른 실패자이고 기생충이야", "우리는 같은 민족이야. 너희는 아니야", "우리는 올바른 식생활을 하고 있어. 너희 식생활은 잘못됐어." 등이 모든 갈등의 원인이다.

잡지, 책, 영화에는 온갖 다양한 배척을 소재로 삼는다. 오락 영화와 소설이 흥미로운 것은 대부분 배척을 당하는 사람,

특별한 사람, 범죄자, 아웃사이더, 미친 사람, 우리와는 다른 사람들 때문이다. 그래서 평범한 시민들은 평면 텔레비전 앞에 앉아서 맥주를 마시며 '내가 저런 사람이 아니라서 천만다행이야!'라고 생각하며 안심한다.

주변 사람들과 평화롭게 지내고 싶은 사람, 자신의 진짜 마음에 관심을 가진 사람, 그 마음을 찾아볼 용기가 있는 사람. 그런 사람이라면 나는 기꺼이 반겨줄 것이다. 당신이 배척당하고 있다면 그 이유를 자세히 살펴봐라. 만약 당신이 '배척당하는 사람'에 속하지 않는다면, 당신 주변에 있는 골칫덩어리들을 봐라. 그들의 무엇이 당신을 짜증나게 하고 흥분시키며 눈에 거슬리는가? 그리고 그게 당신과 무슨 관련이 있을까? 당신이 짜증과 고통을 느끼는 진짜 이유를 이해하고, 당신 안에 깃든 깊은 진실을 알아내는 것이 당신에게 어떤 도움이 될까? 다음 장에서 알아보자.

check

몸과 마음이 먼저 거부하는 성격 특징

다음 목록에서 당신이 원하지 않거나 거부하는 성격 특징들을 체크해보자. 신중하게 살피면서 각 단어를 2초씩만 생각한다. 눈으로만 보지 말고 느껴보자. 각 특징이나 감정에 대해 당신의 거부감이 얼마나 강한지 느껴보자.

- ☐ 공격적
- ☐ 이기적
- ☐ 발끈한다
- ☐ 벌컥 화를 낸다
- ☐ 뒤끝이 있다
- ☐ 복수심에 불탄다
- ☐ 슬픈
- ☐ 우울한
- ☐ 외로운
- ☐ 병든

- ☐ 실패한
- ☐ 어리석은
- ☐ 과대망상의
- ☐ 질투하는
- ☐ 시기하는
- ☐ 비겁한
- ☐ 서투른
- ☐ 눈에 띄지 않는
- ☐ 지나치게 눈에 띄는
- ☐ 정신 나간

- ☐ 허약한
- ☐ 신뢰할 수 없는
- ☐ 오만한
- ☐ 시간을 엄수하지 않는
- ☐ 게으른
- ☐ 질서가 없는
- ☐ 수줍은
- ☐ 칠칠치 못한
- ☐ 매력적이지 않은
- ☐ 지루한
- ☐ 너무 작은
- ☐ 너무 큰
- ☐ 평범한

- ☐ 부도덕한
- ☐ 고루한
- ☐ 옹졸한
- ☐ 인색한
- ☐ 자유롭지 않은
- ☐ 혼란스러운
- ☐ 무계획적인
- ☐ 못생긴
- ☐ 겁이 많은
- ☐ 한탄하는
- ☐ 고통스러워하는
- ☐ 우유부단한
- ☐ 미련한

이제 다음 질문을 생각하면서 다시 한번 목록을 살펴보고 각 단어마다 잠깐씩 멈춰 생각해보자.

Q1. 어디서, 언제 그런 느낌이 들었는가?

Q2. 어디서, 언제 그런 행동을 했는가?

Q3. 지금도 여전히 그런 생각이 드는가? 언제 그런 생각이 드는가?

우리의 이성은 일반적으로 이런 생각을 하고 싶어 하지 않고 그냥 대충 넘어 가고 싶어 한다. 그래서 나는 당신에게 진실을 바라볼 용기를 가지라고, 자신을 면밀히 들여다보라고 말해주고 싶다. 단어마다 잠깐씩 멈춰 서서 눈을 감았을 때, 인생의 어떤 장면이 떠오르는지 생각해보자. 그리고 지금도 여전히 그렇지는 않은지 생각해보라.

몰래 쓰는 또라이 천사 노트

과거나 현재에 당신의 '감정 버튼'을 누른 적 있는 모든 사람을 목록으로 만들어볼 것을 강력히 추천한다. 지금까지도 관계가 껄끄러운 사람들의 이름을 적어보자. 내면의 눈으로 그들의 얼굴을 보는 순간 몸이 불쾌해질 것이고 양심, 짜증, 수치심, 무력감, 분노, 불쾌감, 복수심 같은 감정도 올라올 것이다.

종이를 앞에 놓고 이름만 적지 말고 이름 뒤에 그 사람이 마음에 들지 않았던 점을 적어보자. 그 사람이 당신에게 어떤 불쾌한 행동을 했는지도 적고, 당신이 좋아하지 않는 그 사람의 특징과 행동 방식을 적어보자. 우선 당신의 가족 구성원부터 시작해보자.

● 내 인생 속 또라이 천사 목록

이름	싫은 점, 싫었던 점 또는 비난하는 이유

[예]	
아버지	필요할 때는 언제나 옆에 없음, 불같이 화냄, 비굴한 모습. 술 마시는 모습, 나를 지지해주지 않음.
어머니	항상 불평불만으로 가득함, 한탄과 끊임없는 걱정. 아빠에게서 날 보호해주지 않음.
오빠/남동생/형 누나/언니/여동생 고모/이모 : :	

3장

"화가 난 것도
내 탓이라고?"

욱하는 감정을 부르는 내 안의 또 다른 나

어른이 되어도
여전히
사랑이 모자란 나

왜 그렇게 그 사람만 보면 화가 나는지, 왜 흥분을 하는지, 그들의 행동이 왜 우리의 분노 버튼을 누르는지 이해하려면 모든 사람의 내면에 웅크리고 있는 어린아이를 살펴봐야 한다.

어린아이라니? 당신은 이렇게 반문할 수 있다. 하지만 자기 자신이나 다른 사람들, 특히 배우자나 직장 동료, 주변 사람을 조금만 관찰해보면 금방 발견할 수 있다. 화가 나거나 상처를 받은, 또는 두려움에 떨거나 실망한 어린아이의 모습을 말이다. 그리고 이따금 당신도 그런 모습을 보인다.

우리는 가끔 아이처럼 굴고 싶다

지난날 애인이나 배우자와 다투었던 일이나 이들에게 실망했던 순간을 떠올려보자. 이들의 행동 때문에 상처받거나 실망하고 화가 났을 때 당신은 정확히 어떻게 행동했는가? 상대방을 공격하거나 비난하지도, 원망하거나 책임을 전가하지도 않고, 당신의 감정과 생각을 차분하게 이성적으로 표현했는가?

뭔가 불쾌하고 마음에 거슬리는 게 있거나 기대와 희망이 다른 사람 때문에 무산될 때, 사랑받지 못한다고 느낄 때 우리는 어릴 적 어린아이의 역할과 감정으로 돌아가는 경우가 많다. 그때마다 우리 안의 그 어린아이는 감정의 주체자가 되어 짜증을 내고 토라지고 고집불통이 된다. 그리고 심지어 복수심에 불타서 과하게 분노한다. 그러다 나중에 뒤돌아보면 왜 그렇게까지 화를 냈나 싶어 스스로 놀라기도 한다. 우리는 심심치 않게 냉정을 잃고 당혹스러워한다. 그리고 이성적인 어른의 역할에서 벗어나거나 때때로 어른의 역할을 감당하지 못한다.

예를 들어 다음과 같은 상황에서 어떻게 반응하는가?

Q1 늦게 온다는 연락도 없이 애인이 약속 시간보다 세 시간 늦게 온다면?

Q2 올해 약속했던 임금 인상이 예기치 않게 내년으로 미뤄지거나 취소된다면?

Q3 슈퍼마켓 주차장에서 뒤차가 새치기를 하며 주차하려던 자리를 낚아채고 손가락 욕까지 한다면?

Q4 계산대 직원이 거스름돈을 적게 줬다는 사실을 나중에 알게 된다면?

Q5 아들이나 딸이 지나가는 말로 아무렇지 않게 올해도 성적이 떨어져 졸업을 못 할 것 같다고 말한다면?

이러한 상황에서 내면에서 끓어오르는 감정들에 당신은 어떻게 대처하는가? 대부분의 사람들은 "그때 냉정을 잃었어요", "통제력을 상실해서 하려고 하지 않았던 말과 행동이 튀어나왔어요"라고 말한다.

● 어른이 되어도 애정을 갈망하는 이유

자기 자신과 배우자, 부모, 형제자매, 동료, 고객이나 상사 등 주변 사람들의 행동을 이해하고 지속적으로 평화로운 관계를 맺고 싶다면, 우리 안에 그리고 그 사람들 안에 있는 어린아이의 상태와 권력을 알아차리고 의식적으로 인지하는 법을 배워야 한다. 어른들의 몸에는 실망하고 상처받고 슬프고 화가 난 아이들이 가득하다. 그들은 모두 어린 시절이나 청소년 시절에 간절히 바라던 것을 얻지 못했다. 충분한 인정, 존중, 보호, 수용, 칭찬과 사랑을 받지 못했다. 부모, 양육자 또는 교사들을 비난하는 말이 아니다. 그들 안에도 이와 비슷하거나 어쩌면 더 가혹한 경험을 한 어린아이가 있을 것이다.

우리 안에 있는 이런 어린아이들은 어렸을 때부터 비판, 경고, 처벌 등을 통해 자신들이 뭔가 잘못됐거나 사랑을 받을 만한 자격이 없다고 배웠다. 우리는 항상 다음과 같은 중요한 메시지가 담겨 있는 말들을 들었다.

"너는 뭔가 문제가 있고 사랑받을 만한 가치가 없어."

"앞으로 계속 그런 식으로 해봐. 어떻게 되나 보자."

"이제 제발 좀 그만해. 지긋지긋해!"

아이들은 이 말을 그대로 받아들일 수밖에 없다. 자신 있게 "맘대로 생각하세요. 난 지금 이대로도 정상이에요. 날 사랑하지 않아도 돼요. 내가 날 사랑하면 되니까"라고 대답할 수가 없다.

우리 안에 있는 아이는 주위 사람들의 친절, 존중, 배려, 이해, 공감, 수용, 보호, 안전, 지지, 사랑을 갈망한다. 당신은 내면에 깃들어 있는 이런 갈망들이 느껴지는가? 인정할 수 있는가? 어렸을 때 우리 주변 사람들은 우리에게 이러한 것을 충족시켜 주지 못했기 때문에 우리 안에 슬픔과 그에 대한 갈망이 남아 있다. 그래서 우리 안에 있는 어린아이는 '이 세상은 (아직) 나에게 뭔가를 빚지고 있어. 나는 마땅히 사랑받을 권리가 있고 오래전부터 바라던 것을 이제는 받고 싶어'라고 생각한다.

● 여기가 회사인가, 유치원인가?

직장에서 일을 하다 보면 종종 유치원에서 일하는 것 같다는 생각이 든다. 직장에서 우리는 다양한 사람을 만난다. 자기 자신에게 불만이 있는 사람, 다른 동료들과 사사건건 부딪치는 사람, 시기와 질투를 일삼는 사람, 다른 사람들에게 언짢은 반응을 보이는 사람, 자신이 부당한 대우를 받고 있다고 생각하는 사람 등 다양하다. 어른들만 직장으로 출근하는 것이 아니다. 그들 안에 살고 있는 어린아이도 언제나 함께 출근한다.

그러나 사람들은 대부분 이 사실을 알지 못한다. 내면의 어린아이에 대해 잘 알지 못하고 그 아이를 돌보지도 않는다. 그래서 옛날에 집에서 형제자매와 있었던 일이, 이웃집이나 학교에서 친구들 사이에 있었던 일이 직장에서 똑같이 일어나는 것이다.

어렸을 때 우리는 관심과 칭찬, 사랑을 두고 형제자매와 경쟁을 벌였지만 부모도 자신의 내면에 살고 있는 어린아이 때문에 자녀에게 원하는 것을 모두 줄 수 없었다.

그러나 사람에게는 누구에게나 돌아갈 만큼 충분한 양의 사랑이 있다. 다만 많은 사람들이 이 사실을 알지 못한다. 우리는 외부에서 또는 다른 사람에게 사랑을 갈망하지만 그 사랑은 우리 안에, 우리 마음속에 이미 무한히 깃들어 있다. 하지만 아무도 우리에게 그 사실을 말해주지 않았다. 우리가 다른 사람들에게 그토록 갈망하는 모든 것을 우리는 자신에게 스스로 선물해줄 수 있다. 지금 있는 그대로의 모습으로 인정받고 사랑받을 만한 자격이 충분하다. 가정에서든 직장에서든 평화로운 인간관계를 이루려면 이제 이 사실을 이해해야 한다.

왜 저를 더 사랑해주지 않나요?

갑자기 동생이 태어나서 모든 관심이 동생에게 쏠릴 때 아이가 느끼는 고통은 정말 크다. 아이는 그 옆에 서서 뒷전으로 밀려난 기분을 느끼며 "너는 이제 다 컸잖아. 동생이 태어난 것을 기뻐하려무나"라는 말을 들어야 한다. 아프거나 장애가 있거나 사고를 당한 형제자매가 있어서 그에게 특히 더 많은 관심과 애정이 쏠린 경우에도 비슷한 감정을 느낀다.

이처럼 특별대우를 받지 못한 아이는 '아무도 나에게 관심이 없어', '아무도 나를 사랑하지 않아'라고 생각한다. 그때 생긴 상처는 성인이 되어서도 치유되지 않는다. 시간은 약이 아니기 때문이다. 스스로 자신을 다른 사람과 비교할 때, 또는 다른 사람에게 평가를 받거나 비교를 당할 때 그 상처는 되살아난다.

특히 직장에서 그렇다. 만약 같은 해에 입사한 동료가 먼저 승진을 하거나 심지어 새로운 상사가 되면 어떨까? 대개 실망감과 질투심이 끓어오를 것이다. 이때 이런 반응을 보이는 주체는 누구일까? 바로 우리 안에 있는 어린아이다. 팀 미팅에서 동료가 업무 성과 때문에 특별히 칭찬을 받게 되면 어떤 생각이 드는가? 어떤 감정을 느끼는가? 솔직해져보자. 동료의 성공과 인정받은 것을 진심으로 기꺼이 축하해주고 심지어 같이 기뻐해줄 수 있는가?

분노, 시기, 질투 등의 불편하고 고통스러운 감정들은 어린 시절의 옛 상처가 아직 낫지 않았다는 증거이다. 지금 그리고 앞으로 몇 달 동안 그 상처를 치유하는 것이 당신이 할 일이자 책임이다. 이제 마음의 준비가 되었는가?

매번
혼자 기대하고
상처받는 나

다른 사람들과 당신 안에 깃들어 있는 짜증과 분노, 모든 불화
가 어디에서 오는지 이제 눈치챘는가? 다른 사람들이 불러일
으키고 끄집어내는 '나쁜' 감정들이 오랫동안 우리 안에 이미
존재하고 있었다는 사실에 동의하는가? 다른 사람이 아니라
바로 자신이 그런 감정들을 만들었고 그 감정의 원작자로서
자신에게 책임이 있다는 사실을 인정하는가? 자기 자신은 물
론 다른 사람들과 겪는 불화를 평화로 만들고 부정적인 감정
을 긍정적인 감정으로 바꾸는 구체적인 방법은 앞으로 여러
가지 사례를 통해 설명하겠다.

하지만 그 방법들이 성공하려면 그전에 우리에게 익숙해진 태도와 일상 행동들을 살펴보아야 한다. 이는 수년간 우리 인생에서 '상식'으로 통하면서 익숙해져 있었고 지금까지 아무도 심각하게 의문을 제기하는 사람이 없었다. 그래서 대중들의 의식 속에서 일반적인 생각과 사고로 인정받았다.

● 매번 상처받으면서 왜 자꾸 기대하는 걸까?

우리는 얼마나 많은 기대를 품고 인생을 살아가고 있을까? 다른 사람에 대한 기대, 인생에 대한 기대, 자기 자신에 대한 기대. 바로 여기에 실망과 상처, 상심이 있다. 그리고 그것은 결국 분노와 짜증으로 이어진다. 여기에 우리를 둘러싼 가장 큰 불화의 원천이 있다.

우리는 일반적으로 주위 사람들에게, 특히 가까운 사람들에게 무엇을 기대하는가? 혹시 친절하고 착하게, 존중과 예의를 갖춰주기를, 자신의 가치를 인정하고 심지어 사랑스럽게 대해주기를 은밀히 기대하거나 요구하지는 않는가? 흔히 하는 "그 정도는 기대할 수 있잖아요!"라는 말을 살펴보면 요구에 가깝다는 것을 분명하게 알 수 있다. 이렇듯 우리는 다른 사람들을 우리에게 이런저런 빚을 진 '빚쟁이'처럼 여기며 세상을 살아간다.

　이런 기대와 요구는 다른 사람들을 우리 자신과 채무 관계가 있는 존재로 만든다. 우리가 만나는 모든 사람들은 우리가 상대방에 대해 어떤 생각을 갖고 있는지 상당히 빨리 눈치챈다. 누군가가 "당신이 저를 좋아하기를 바랍니다!"라고 노골적으로 말한다면 우리는 어떻게 반응할까?

　아마 상당히 어리둥절한 표정을 지을 것이다. 하지만 상당히 많은 사람들이 이런 메시지를 비언어적인 표현들로 전하고, 우리 역시 그런 생각을 상대방에게 전달한다. 사람들은 대부분 상대방에게 기대를 갖고 있다. 상대방이 자신에게 친절하고 정중하게 대하기를, 불친절하거나 퉁명스럽게 대하지 않기를 기대한다.

● 기대하는 마음에 숨은 진짜 의미

'기대'라는 단어를 자세히 살펴보자. 여기에는 '기다린다'라는 의미가 포함되어 있다. 다시 말해서 무언가를 기대하는 사람은 무언가를 기다리는 입장에 놓인다. 그러나 우리는 지금 당장 무언가를 받고 싶지 무언가를 기다리고 싶지 않다. 이때 우리의 기대를 감지한 상대방은 압박감을 느낀다.

다음과 같은 상황을 한번 상상해보자. 당신이 어떤 사람의 초대를 받았고, 그 사람을 기쁘게 해주려고 선물을 준비했다고 하자. 그런데 당신이 집 안으로 들어가는 순간 상대방이 장난처럼 "혹시 저한테 줄 선물은 사오셨나요?"라고 묻는다면, 어떤 기분이 들까? 아마 기분 좋게 "네, 선물을 기대할 줄 알았어요. 자, 여기 있어요"라고 대답하기는 힘들 것이다.

우리 모두가 간절히 바라는 평화롭고 만족스러운 삶을 살려면 첫째, 우리가 가진 기대들이 무엇인지 의식해야 한다. 그리고 둘째, 그런 기대들을 없애야 한다. 그렇다. 당신이 제대로 읽은 것이 맞다. 그런 기대들을 없애고 새로운 생각을 갖기로 결심해야 한다.

●사랑이 소유욕으로 번지는 이유

어쩌면 당신은 격분하며 이렇게 말할지도 모른다.

"뭐라고요? 상대방한테 어떤 기대도 하면 안 된다고요? 그럼 나는 아무것도 얻지 못하잖아요."

그렇지 않다. 다른 사람에게 기대를 많이 하면 할수록 실망은 더 커지고 결국에는 아무것도 얻지 못하게 된다. 오히려 화만 더 나게 된다. 당신의 이성은 다른 사람들이 당신에게 진 빚을 갚지 않았다고 무의식적으로 생각하기 때문이다.

예를 들어, 배우자가 당신을 더 이해하고 더 사랑해주기를 기대하는가? 이는 사랑이 아니라 어린아이처럼 배우자를 소유하려는 행위다. 당신의 배우자는 더 많은 사랑을 줄 수 없으며 못 줄 수밖에 없었다. 당신은 툴툴대면서 '아니, 마음만 있으면 충분히 할 수 있다고요!'라고 생각할지도 모른다.

하지만 당신은 배우자의 마음을 완전히 알 수 없다. 배우자의 인생과 행동 패턴 중 일부만을 알고 있을 뿐이고, 상대방이 지금 이 순간 무엇을 줄 수 있고 줄 수 없는지 완벽히 판단할 수 있는 사람은 아무도 없다. 진짜 사랑이란 원하는 것을 주지 않는 상대방의 상황을 이해하고 그 사실을 인정하는 것이다.

배우자 혹은 애인과 대립하다가 결국 싸움이 나서 마음에 상처만 남긴 채 이별한 기억이 있을 것이다. 당신이 상대방에게 또는 상대방이 당신에게 어떤 것을 무리하게 요구하거나 비난해서 말이다. 이러한 다툼의 절정에 우리는 흔히 이런 말을 듣거나 말한다.

"넌 날 진심으로 사랑한 적이 '한 번도' 없어!"

"넌 '항상' 그런 식이야……!"

● <u>사랑도 셀프로 하라고?</u>

어떻게 하면 이런 딜레마에서 빠져나올 수 있을까? 바로 자기 자신을 사랑하기로 결심하는 순간 빠져나올 수 있다. "그게 대체 무슨 말이죠?"라고 당신의 이성이 반문할지도 모른다. 이러한 상황에서 '사랑'이란 첫째, 상대방에 대한 기대와 요구를 거두고 둘째, 지금까지 상대방에게 요구한 것들을 자기 자신에게 선물하기 시작하는 것을 의미한다. 그렇다. 당신은 지금까지 애인 또는 상사, 형제자매 또는 친구들에게 기대했던 모든 것을 자기 자신에게 줄 수 있다. 대상만 달라졌지 내용은 언제나 똑같기 때문이다. 우리는 내 말을 잘 들어주는 사람, 이해, 공감, 진심, 친절, 용서, 지지, 인정, 존중, 선물, 보상, 보호, 칭찬, 사랑 등을 원한다. 다시 말해서 다양한 형태의 관심을 바란다. 그리고 결국 상대방에게 원하는 것은 사랑이다. 앞에서 나열한 '선물'들은 모두 사랑의 표현 방식이기 때문이다. 하지만 완고한 당신의 이성이 딴죽을 걸지 모른다.

"다른 사람이 주지 못하는 것을 자신에게 스스로 주라고

요? 그럴 거면 애인이 왜 필요하죠?"

생각해보자. 첫째, 당신은 그 사람이 '필요한' 것이 아니다. 또 자신에게 선물을 '해야 하는' 것도 아니다. 자신에게 무엇을 줄지, 또 얼마나 많이 줄지 그저 자유롭게 선택하면 된다.

그런데 앞에서 나열한 것들을 자기 자신에게 선물하는 게 왜 중요할까? 우선 자신이 충만한 상태여야 다른 사람에게도 뭔가를 선물할 수 있기 때문이다. 그렇지 않으면 연인 관계나 다른 인간관계에서 서로의 주머니에서 뭔가를 꺼내려고 애쓰게 된다. 그러다 원하는 것이 충족되지 않으면 '너도 역시 줄 것이 없구나!'라며 실망한다.

'나는 인생에서 이것과 저것이 필요해'라는 생각은 스스로 삶을 결핍 상태로 만드는 것이다. 인생은 "나는 필요해"라는 말을 "나는 충분하지가 않아. 결핍되어 있고 '적자' 상태야"라고 해석하기 때문이다.

● 혼자 잘해주고 억울해하지 마라

우리의 무의식적인 기대는 인간관계에 파괴적으로 작용한다. '그 사람은 이렇게 저렇게 해야 돼'라는 생각으로 다른 사람

앞에 기대를 쌓아놓은 뒤, 그 기대를 충족시켜 주기를 바란다. 우리는 모든 인간관계를 '주고받는' 관계로 바라본다. 한 사람만 모든 것을 주고 다른 사람은 받기만 하는 관계는 있을 수 없다는 것이다. 사람들은 자신이 다른 사람들에게 많은 것을 주었는데 결국 아무것도 받지 못했거나 또는 조금밖에 받지 못했다며 절망한다. 그리고 이런 생각들을 토로한다. 만약 당신도 이런 사람에 속한다면 묻고 싶다.

당신이 애인이나 회사 동료, 가족 또는 어떤 관계에 있는 사람에게 그렇게 많은 것을 준 진정한 동기는 무엇인가? 기쁜 마음에서 자발적으로 그렇게 했는가? 아니면 그런 행동으로 인정과 칭찬이 돌아올 것을 내심 기대했는가? 혹시 당신의 태도는 부모의 패턴과 닮지 않았는가? 가족을 위해 희생했는데 결국에는 씁쓸하게 또는 실망한 채 빈손만 남은 부모와 같지 않은가? 이러한 태도는 시간이 지날수록 자기 자신과 다른 사람들에 대한 불만, 원망, 분노를 만들어낼 뿐이다.

우리가 어떤 관계를 '주고받는' 관계, 결국 거래 관계와 경제 관계로 만들어버리면, 사랑은 사라지고 실망과 이별이라는 예정된 수순이 찾아온다. 사랑이라면 어떤 요구나 기대 없이 내가 아낌없이 주고 남도 내게 주는 것을 허용하는 관계가 되어야 한다.

그리고 만약 당신이 사람들에게 많은 것을 주었지만 받은 것이 적거나 아무것도 받지 않았다고 생각한다면, 자기 자신과 어떤 관계인지 들여다보자. 그리고 지금까지 당신이 다른 사람들에게 기대했던 모든 것을 스스로에게 선물해보라. 그리고 이런 질문에 답을 해보자.

> **Q** 하루 동안 나는 내게 무엇을, 얼마나 선물하는가? 특히 감정, 마음, 생각, 몸의 회복과 긴장 완화를 위해 얼마나 많은 공을 들이는가?

내 기준에 따라
남들을
심판하는 나

"그렇다고 그냥 받아들일 수는 없잖아요?"

주변에서 흔히 듣는 이 말 속에는 격앙된 감정 외에도 좌절, 상심, 토라진 감정이 들어 있다. 이 질문에 대한 나의 대답은 이렇다. 맞다. 모든 것을 호락호락하게 받아들일 필요는 없다. 하지만 다른 사람들이 당신을 화나게 만드는 이유에 대해 어떻게 생각할지 선택할 수는 있다. 즉, 우리를 실망시키고 상처를 주는 여러 행동들에 어떤 식으로 반응할지 스스로 선택할 수 있다는 것이다.

세상에 멍청이들과 나쁜 사람들이 너무 많다고 생각하는

가? 그렇다면 이는 당신이 그렇게 결정했기 때문이다. 당신이 그런 생각을 갖고 살아간다면 앞으로도 그런 '멍청이'나 '나쁜 사람'들을 계속 맞닥뜨리게 될 것이다. 사람에 대한 일반적인 생각이나 어떤 특정한 사람에 대한 생각은 자신이 창조해낸 것이기 때문이다. 당신은 매일 의식적으로 또는 무의식적으로 다른 사람들과 관계를 맺고 그 관계에서 창조자의 역할을 한다. 그리고 앞서 언급했듯이 자기 자신에 대한 생각도 마찬가지다. 당신이 자신을 생각하고 대하는 대로 주변 사람들 중 일부도 그렇게 대한다.

● 우리는 행복을 선택할 수 있다

많은 사람들은 감정을 억압하고 맞서 싸워야 하는 거라고 생각한다. 이것 외에는 감정에 대처할 다른 방법을 배우지 못했기 때문이다. 자기 자신에 대한 사랑도 없이, 다른 사람들에 대한 사랑도 없이, 삶에 대한 특별한 기쁨도 없이 그저 하루하루를 살아가는 사람이 너무나 많다. 또한 다른 사람들 때문에 인생의 행복을 누리지 못하고 있다고 여긴다. 우리가 어린아이였을 때는 분명히 다른 사람에게 책임이 있었다. 하지만 어른이 된 지금, 행복은 우리의 손에 달려 있다.

만약 당신이 부당한 일을 겪었다면, 가령 따돌림을 당하거나 누군가 당신에 대한 거짓 소문을 퍼뜨리고 비방하거나, 또는 배우자나 애인이 이별을 원할 때 대부분 잘 의식하지 못하지만 당신에게는 선택할 수 있는 자유가 있다. 이런 일에 어떻게 반응할지는 당신이 결정하는 것이다. 반격을 할 수도 있고, 방어를 하거나 변호사를 찾아가서 자신의 권리를 주장할 수도 있다. 아니면 상대방의 행동에 대해 어떻게 복수할지 생각할 수 있다. 지금까지 당신은 화가 날 때 그들에게 어떻게 반응했는가? 그렇게 해서 문제가 해결되었는가? 몇 년이 지나 그때 행동을 떠올리면 어떤 기분이 드는가?

우리는 누군가를 고소할 때 어떤 구체적인 '사건'이 원인이라고 생각하지만, 사실 그보다는 그 사건이 만들어낸 상심, 모욕, 상처받은 마음, 무기력, 위축감이 더 큰 원인으로 작용한다. 그렇기 때문에 고소인에게 유리하게 판결이 내려지고 법적인 절차가 종결되더라도 불쾌한 감정은 해결되지 않는다. 여전히 피해자라는 느낌을 떨치지 못한다.

최근에 여러 나라에서 정의를 향한 외침이 점점 더 크게 울려 퍼지고 있다. 이런 외침은 권력자, 기업, 정치인, 정부를 향한 분노와 함께 나타난다. 이런 분노는 나쁘지도 좋지도 않다.

하지만 이 분노를 자세히 들여다보면 우리가 어린 시절에 '권력자'들에게 느꼈던 분노가 전이되어 있는 것을 알 수 있다.

분노는 파괴적인 행동을 부르며 관계와 공동체를 망친다. 왜냐하면 분노는 진실에 눈이 멀게 하고 애정이 없고 상처만 주는 태도를 취하게 만들기 때문이다. 당신도 분명히 이런 경험을 했을 것이다. 홧김에 화를 내고 나중에 후회했던 경험도 많을 것이다.

분노는 평화를 가져오지 않는다. 지금 우리를 조종하는 것은 화를 내고 있는 내면의 어린아이라는 사실을 자각해야 한다. 그 사실을 알아야만 비로소 분노와 이와 관련된 무기력에 대처할 수 있는 통찰과 마음이 생긴다. 우리 안에 있는 토라지고 상처받고 화난 어린아이는 다른 사람을 통해 평화로워질 수 없다. 오직 어른이 된 우리 자신을 통해서만 가능하다.

나에게도 남에게도 엄격한 심판자

많은 사람들이 정의의 이름으로 자신에게 함부로 대한 사람들을 판단하지만, 사실 자신들이 옳다고 주장하고 싶은 것뿐이다. 그들은 누군가를 '좋은 사람'과 '나쁜 사람'으로 나누고 옳고 그름을 판단하는 자신에게 문제가 있다고는 생각하지 않는다. 하지만 바로 이런 흑백 논리와 자신의 관점만이 유일하게 옳다는 비타협적인 자세 때문에 가정, 단체, 회사와 정당, 사회에서 크고 작은 다툼이 벌어진다. 이는 특히 완벽주의자일수록 더욱 두드러지게 나타난다. 이들은 자기 자신이나 다른 사람들에게 가장 엄격한 심판자이다. 완벽이라는 잣대를 들이대면 누구나 실패할 수밖에 없기 때문이다. 이러한 패턴은 어린 시절에 '내가 완벽하면 비난받을 일도 없고 칭찬만 받을 거야'라고 생각한 데서 기인한다. 만약 당신이 '완벽주의자'라고 생각한다면 자신에게 무슨 짓을 하고 있는지 잘 알아차리기 바란다. 그래야만 고통스러운 자기 고문에서 빠져나올 수 있다.

진심을 숨기고
남들이 원하는 대로
사는 나

마음의 소리에 귀를 기울이고 자기가 옳다고 생각하는 대로 사는 사람은, 사람들이 말하는 기준에 맞춰 평범하게 살지 않는다. 그리고 모든 사람의 마음에 들려고 애쓰거나 누구와도 부딪치지 않으려고 행동하지도 않는다. 간혹 어떤 이는 그런 사람에게 손가락질을 하면서 비난하고 배척한다. 사람들은 뒤에서 "쟤는 미쳤어", "튀고 싶어서 안달 난 거 같아", "사회성이 부족해"라고 쑥덕거린다. 이유가 뭘까?

●남들과 다르게 사는 게 두려운 이유

무의식적으로 자신을 비난하고 사랑하지 않는 보통 사람들
은 자신만의 길을 가고 자신을 돌보며 주변의 기대에 친절하
지만 단호하게 "아니요"라고 말하는 사람들을 보면 두려움을
느낀다. 이들은 자기 자신과 잘 지내고 자신에게 필요한 것을
스스로에게 줄 수 있다. 그래서 다른 사람들의 뜻에 굴복하지
않고 다른 사람에게 한없이 맞춰주지 않는다. 또한 다른 사람
의 인정이나 칭찬 따위에 아랑곳하지 않는다.

그러나 자기 자신에게 불만을 품고 있고, 다른 사람의 행동
에 쉽게 화를 내는 사람도 오로지 자신만의 길을 가고 싶다는
욕망이 있다. 누구나 그렇듯이 이들 역시 자신에게 집중하여
살아가는 법을 배우고 자기 자신을 존중하고 싶어 한다. 하지
만 쉽게 용기를 내기가 어렵다. 공동체에서 배제되고, 삐딱한
시선을 받고, 친구를 잃게 될까 봐 두려워한다. 스스로 결정한
삶을 살아가고 진정한 자신만의 길을 걸어가고자 하는 갈망
보다는 현재 느끼는 두려움이 더 큰 것이다.

사람의 가장 깊은 욕구 중 하나는 가족, 그룹, 공동체 또는
적어도 어떤 사람에게 속하고자 하는 욕구이다. 우리는 사회
적인 존재로서 물질적이고 정신적인 풍요를 만들고 누리기

위해 우리 삶의 모든 분야에서 서로 의존하며 살아간다. 우리는 어떤 무리에 소속되어 그들과 인생을 함께 즐기면서 살아가려 한다. 그렇기 때문에 주변 사람들로부터 관심이라는 최소한의 에너지를 얻기 위해 혼신의 힘을 쏟는다. 하지만 자신을 충분히 사랑하지 못한 채 다른 사람들의 사랑을 갈구하기 때문에 인정과 사랑을 받지 못하는 순간이 오는 것을 두려워한다. 그러므로 매일매일 이런 관심들을 쟁취해내야 한다.

자기 자신을 사랑하지 않고 내면에서 홀로 서지 못한, 즉 제대로 자립하지 못한 어른들은 자신의 자녀들 혹은 다른 아이들에게도 올바른 삶의 방식을 가르쳐줄 수 없다. 아이들이 강직하게 자신만의 길을 꿋꿋하게 걸어가고 성장해가면서 다른 사람들의 의견, 판단, 기대에 예속되지 않고 살아갈 수 있는 구체적인 방법을 알려줄 수가 없다.

● 아무리 노력해도 모두를 만족시킬 수 없다면

만약 당신이 이미 그런 길을 걷기 시작했다면 주변 사람들, 특히 애인, 친구, 가족 구성원들이 어떻게 반응할지 이미 잘 알고 있을 것이다. 대부분은 비판을 하거나 비웃거나 또는 기피

한다. 말로 내뱉지는 않더라도 얼마든지 다음과 같은 메시지를 전달할 것이다.

"그냥 평범하게 살아. 그래야 널 다루기 쉽지."

어떤 사람은 당신에게 등을 돌릴지도 모른다. 하지만 그때 새로운 사람들이 당신에게 관심을 보이며 당신의 삶 속으로 들어올 것이다. 그들은 당신이 스스로를 잘 돌보고 한탄이나 하소연을 늘어놓지 않으며, 희생이나 책임전가로 인생을 허비하지 않고 다른 사람의 비위를 맞추지 않는 것을 좋아할 것이다. 이러한 변화 과정은 상당히 고통스러울 수 있고 몇 달, 몇 년, 또는 더 오래 걸릴지도 모른다.

아무리 노력해도 모든 사람의 마음에 들 수는 없다. 그리고 역설적이게도 모든 사람의 마음에 들려고 노력하면 할수록 더 실망하게 될 것이다. 그러니 당신의 마음에 따라 행동하라. 내면의 목소리에 귀를 기울여 무엇이 옳은지 느껴보고, 그런 다음에 행동하고 결정을 내리도록 하자.

자신은 물론 타인과 진정한 평화를 얻고 싶다면, 내면의 진실을 부인하고 자신을 왜곡하며 원치 않는 일을 해서는 절대로 얻을 수 없다. 가족, 회사, 사회 속에서 서로를 존중하고 인정하는 분위기를 만들고 싶은가? 이는 자기 자신과 다른 사람들에게 마음을 열어야 가능하다. 그리고 당신을 괴롭히는 그 사람도 결국 사랑을 갈구하는 사람이라는 사실을 이해할 때에만 그런 분위기를 만들 수 있다. 그들은 다만 자신을 사랑해야 한다는 것을 아직 알아차리지 못했을 뿐이다.

● 그 사람의 분노도 그 사람의 문제다

어떤 사람이 당신을 좋아하든 사랑하든 아니면 친절하게 대하든 그것은 당신의 사정이 아니라 그 사람의 사정이다. 그렇지만 그 사람의 친절 또는 불친절에 어떻게 반응하느냐는 당신의 사정이다. 모든 사람이 당신에게 상냥하고 친절하기를 기대하고 바라는 이상, 당신 역시 원하지 않는 일을 하거나 자기 자신을 왜곡하면서 스스로 불행하게 만들 것이다.

상대방이 우리를 거부하거나 비판하더라도 우리는 그 사람을 위해 마음을 열어놓을 수 있다. 그 안에 있는 어린아이가 지금 그 사람에게 힘을 행사하는 거라고 이해하면서 말이다. 그리고 상대방의 행동에 우리가 어떻게 반응하는지에 따라 미처 깨닫지 못한 자신의 결핍도 확인할 수 있다. '아, 내 안에 아직 사랑을 갈구하는 뭔가가 남아 있구나. 거부당하는 일에 두려움을 가진 어린아이가 있구나' 하고 말이다.

나는 어떤 사람 앞에서 예민해질까?

당신은 어떤 사람들을 견딜 수 없어 하며 어떤 사람들이 당신의 뚜껑을 열리게 하는가? 또한 어떤 사람들을 피해 다니며 그 사람들의 어떤 행동을 거부하는가? 다음의 목록을 통해 당신이 거부하고 비판하며 '알레르기 반응'을 보이는 게 무엇인지 정확히 짚어볼 수 있다. 해당하는 항목에 체크를 해보자. 당신이 싫어하는 사람들의 특징을 새로 작성해봐도 좋다.

- ☐ 시도 때도 없이 불평불만을 늘어놓는 사람.
- ☐ 내가 무엇을 해도 못마땅한 사람.
- ☐ 거만하게 굴고 나를 업신여기는 사람.
- ☐ 공격적이고 화를 잘 내며 시비 걸기 좋아하는 사람.
- ☐ 계속 자기 말만 하고 나에게는 관심이 없는 사람.
- ☐ 다른 사람의 말을 들으려고 하지 않는 사람.
- ☐ 어디서든 항상 나서고 주목받으려는 사람.
- ☐ 거짓말을 자주 하는 사람.

- [ ] 의견이 수시로 바뀌고 줏대가 없는 사람.
- [ ] 받으려고만 하고 절대 베푸는 법이 없는 사람.
- [ ] 상사에게 아부를 떨고 상사의 의견에 순응하기만 하는 사람.
- [ ] 항상 나와 의견이 다른 사람.
- [ ] 자기의 주장이 옳다고 끝까지 우기는 사람.
- [ ] 자기가 더 잘 안다며 잘난척하는 사람.
- [ ] 나를 자주 비웃거나 창피하게 만드는 사람.
- [ ] 뒷담화를 자주 하고 거짓 소문을 퍼뜨리는 사람.
- [ ] 다른 사람을 괴롭히고 따돌리는 사람.
- [ ] 정리 정돈을 못하거나 게으른 사람.
- [ ] 상스러운 말과 비속어를 자주 쓰는 사람.
- [ ] 모든 일에 책임감 없이 행동하는 사람.
- [ ] 나에게 권력을 행사하고 무력감을 주는 사람.

당신은 몇 가지 항목에 체크를 했는가? 그리고 이들 중 어떤 사람들이 당신의 일상생활에 이따금 또는 자주 등장하는가? 이런 사람들을 만날 때, 내면에서 어떤 반응이 일어나는지 그리고 이 반응을 외적으로 어떻게 표현하는지 자세히 관찰해보라. "왜 저런 인간이 내 인생에 나타났지?"라고 생각하기보다는 내가 어떤 사람에게 격렬히 반응하는지 살펴보는 기회로 삼자.

4장

"이렇게 화낸다고
뭐가 달라질까?"

폭발하지 않아도 속이 뚫리는 분노 해소법

더 이상
당하지 말고
이용하라

여기까지 따라오느라 많이 힘들었을 것이다. 당신을 화나게 만든 사람을 떠올리며 새로운 사고방식을 배워야 했으니 말이다. 이번 장에서는 이제 '핵심'을 다뤄보겠다. 다시 말해서 우리를 짜증나게 만드는 또라이 천사들과 어떤 구체적인 갈등이 있는지 살펴보자. 그리고 그들이 왜 우리를 그렇게 만들었는지, 우리 스스로 갈등과 그 뒤에 숨은 원인을 해결하려면 어떻게 해야 하는지, 어떻게 해야 우리 삶을 더 평화롭게 만들 수 있는지 다뤄보겠다.

● 또라이 천사가 내 인생에 나타난 이유

우리를 화나게 하는 가족, 직장 동료, 이웃, 또는 길거리에서 만난 사람, 임대인이든 임차인, 은행이나 보험사 담당 직원들. 우리의 머리는 이들을 습관적으로 '문제'라고 부른다. 그러나 앞에서 말했듯이 이 사람들은 당신이 자신과 평화롭게 지내고 케케묵은 감정에서 벗어날 수 있게 도와주는 문이다. 만약 당신이 이런 관점에 마음을 열고 이들에 대한 기존의 생각들에 의문을 품는다면, 어렴풋하던 내면의 문제를 근본적으로 치유할 수 있다.

그 사람들이 당신에게 했던 행동이 아무리 불쾌하고 고통스럽고 상처가 되어도, 그들은 이정표가 되어 당신이 내면과 외면의 평화를 찾아가고 기쁨, 건강, 성공, 충만함을 느끼게 해줄 것이다. "내 인생에 필요 없는 사람들이야. 꺼지라 그래!" 또는 "그 인간들이 비정상이야. 그 인간들이 바뀌어야 해!"라고 더는 생각하지 말고 평화로운 삶을 살기 위해 이 사람들을 잘 이용해야 한다.

하지만 갈등과 짜증 뒤에 숨은 진짜 의미를 알아차리려면 정말 자신의 내면을 잘 들여다보고 자신에게 더 많은 주의와 관심을 기울일 수 있는 용기가 있어야 한다. 이제 이 책의 앞부분에 제시했던 다짐을 받아들일 마음의 준비가 되었는가?

"나는 이제 평화롭게 살 거야. 행복하게 살 마음의 준비가 됐어. 주
변 사람들과도 평화롭게 잘 지낼 거야."

아직은 이런 결정을 어떻게 구체적으로 실행에 옮겨야 할
지 모를 수 있다. 그러나 다짐을 마음에 새기는 과정은 매우
중요하다. 이처럼 의식적으로 다짐하지 않으면, 지금껏 무의
식적으로 해오던 주변 사람들과 당신의 불화와 갈등이 그대
로 유지될 수 있기 때문이다. 다짐을 완료했다면 이제 시작해
보자.

주변의 적들이 사라지는 4단계 로드맵

다음의 네 가지 질문은 삶에서 겪은 갈등의 진짜 원인을 빠르게 찾을 수 있도록 도와줄 것이다. 그리고 이 질문들은 삶에서 발생하는 모든 갈등과 짜증나는 상황에 적용할 수 있다. 당신의 또라이 천사 목록에서 평화롭게 지내고 싶은 사람을 한 명골라서 그 사람의 얼굴을 잠시 떠올려보자. 그리고 조용한 분위기에서 다음 질문에 답해보자.

1. 그 사람은 어떤 감정을 일으키는가?

우리의 마음을 자세히 들여다보면, 그 사람이 우리에게 불러일으키는 감정은 단 하나가 아니라 두세 가지다. 대개 분노 뒤에는 무력감이 함께 따라온다. 무력감과 위축감 외에 죄책감, 수치심, 시기, 질투, 슬픔과 같은 감정들이 따라오기도 한다. 이처럼 짜증이나 분노 뒤에 숨은 감정들은 우리가 결코 인정하고 싶지 않은 감정이자, 우리를 화나게 하는 가장 중요한 감정인 경우가 많다. 첫 번째 장에서 설명했듯이 이런 감정들은 당신을 '짜증나게' 한 그 사람이 나타나기 훨씬 이전부터 당신 안에 존재하던 감정들이다.

당신에게 주는 첫 번째 '선물'은 이것이다. 아마 지금은 전혀 선물로 받아들이고 싶지 않겠지만 일단 받아들여보자. 그 사람은 당신 안에 이런 감정이 있다는 것을 알려주고 밖으로 끌어올리고 끄집어낸다. 하지만 그 사람이 당신의 그런 감정을 만들어낸 것은 아니다. 당신이 이 선물을 수령하고 풀어보고자 한다면 그 감정들은 당신의 소유다. 이게 무슨 말일까?

이 감정들은 원래 '당신'의 것이다. 오래전에 다른 사람과 인생에 대한 생각으로 당신이 만들고 수년 동안 키워온 것이다. 그리고 동시에 억제하고 억압해온 감정이며, 이 감정들을 소유한다는 것은 이 사실을 인정한다는 의미다. 당신이 이 감정들을 만들었다는 사실을 받아들여야만 한다. 얼핏 보기에는 피해자처럼 보일 수 있지만 당신은 감정의 피해자도 아니고 다른 사람들의 피해자도 아니다. 당신은 자기 안에 있는 이런 감정들을 인지하고 시인하고 애정을 갖고 느낄 수 있어야 한다. 그래야만 바꿀 수 있다. 이에 대한 더 자세한 얘기는 뒤에서 다시 하기로 하자.

그래서 당신 삶의 그 또라이 천사는 당신에게서 어떤 감정을 끄집어냈는가? 혹시 '우연히' 당신이 과거 또는 현재에 만난 사람들에게서 느꼈던 그런 감정들인가?

● 2. 그 사람이 어떤 행동을 할 때 화가 나는가?

당신을 열받게 하거나 뚜껑이 열리게 만드는 행동 혹은 말은 정확히 무엇인가? 그 사람이 당신을 어떻게 대할 때, 말문이 막히고 당황하는가? 그 사람한테 절대 참을 수 없는 점이 정확히 무엇인가?

이에 대한 당신의 대답을 생각해보자. 가능하다면 모든 특징과 행동을 아주 구체적으로 떠올리는 것이 좋다.

3. 그 모습이 당신에게도 있다고 느낀 적이 있는가?

대부분의 사람들은 이 질문에 대해 아주 성급하게 "아뇨, 절대 그렇지 않아요!"라고 대답하고 넘어가려는 경향이 있다. 하지만 잠시 조용히 눈을 감고 충분히 시간을 가지면서 솔직하게 질문해보자.

당신을 화나게 한 행동과 말을 당신도 해본 적이 있는가? 있다면 언제 어디서 했는가? 지금도 여전히 그와 비슷한 행동을 하는가? 아니면 그렇게 행동하지는 않지만 할 수만 있다면 그 사람과 똑같이 행동하고 싶을 때가 있는가?

3번 질문에 대해 "아니요"라고 크게 대답할수록, "나는 그렇지 않고 그러고 싶지도 않아요!"라는 말이 이어서 나올수록 당신에게 이런 행동 방식이 있다는 것이다. 그렇지 않다면 이 질문에 대해 그렇게까지 부정적인 반응을 보일 필요가 없지 않은가? 내면을 강타한다는 것은 자신에게도 해당된다는 의미다. 정리되지 않은 자신의 내면세계와 관련이 깊다는 뜻이다.

거부하거나 비난하는 것이 많을수록 거부하는 특징과 행동을 보이는 사람들을 주변에 더 많이 끌어당기게 된다. 원하지 않아서 감춰둔 자신의 모습을 다른 사람들을 통해 보게 되는 것이다.

다른 사람에게서 발견하는 훌륭하고 아름답고 사랑스러운 면들도 마찬가지다. 이런 모든 면을 당신 자신도 가지고 있다. 그렇지 않다면 당신이 그 모습을 쉽게 알아차릴 수 없기 때문이다. 당신을 감동시키는 것, 심지어 자연의 아름다움도 당신 내면에 아름다움이 있기 때문에 보이고 감동하는 것이다. 당신의 내면에 아름다움이 없다면 자연의 아름다움에 공감할 수 없으며 인지조차 하지 못할 것이다.

4. 과거에 그 사람과 비슷하게 행동한 사람이 있는가?

당신을 열받게 하는 그 사람과 비슷한 특징을 가진 사람은 누구인가? 그 사람은 누구를 떠올리게 하는가? 우리가 성인이 되어 겪는 대부분의 갈등은 유년 시절이나 청소년 시절에 어떤 사람과 겪은 경험과 갈등의 결과이다. 따라서 현재 우리 곁에 있는 대부분의 또라이 천사들은 우리가 인생의 초창기에 만났던 그 사람들의 자리에 대신 들어와 있는 것이다.

분노 유발자
유형별
대처법

왜 그 사람만 보면 유독 화나고 흥분하게 될까? 많은 사람들이 거부하는 특정 유형 몇 가지를 예로 들어 원인을 알아보겠다. 그 원인을 알게 되면 앞으로 이런 사람들을 만났을 때 다르게 반응할 수 있다. 그러기 위해서 당신이 어떻게 해야 하고, 또 어떻게 변화해야 하는지 함께 알려주려고 한다. 이런 변화는 가장 먼저 우리 자신, 다른 사람들 그리고 새로운 생각을 통해서 시작된다.

● 시도 때도 없이 불평불만을 늘어놓는 사람

주변에 상당히 많은 유형이다. 당신이 유독 이런 사람들을 받아들이는 것이 힘들다면 스스로에게 이런 질문을 해보기 바란다.

> **Q** 나도 때로 속으로 여러 가지 불평불만을 늘어놓지 않나?

모든 사람들이 속에 불평과 불만을 품고 산다. 하지만 우리는 어려서부터 불평불만을 드러내면 안 된다고 배웠다. "징징거리지 마!" 또는 "우는 소리 좀 그만해!"라는 말을 들어본 적이 있지 않은가?

아니면 어렸을 때 누가 자주 한탄을 하고 불평불만을 늘어놓지 않았는가? 혹시 어머니였는가? 많은 사람들이 그런 모습과 마주할 때면 '나는 절대로 저렇게 한탄을 하거나 약한 모습을 보이지 않을 거야!'라고 결심했을 것이다. 그러면서 마음을 단단히 붙잡고 아무런 문제가 없는 척한다. 그러나 겉으로 보기에는 강하고 대부분 부지런해 보여도 그 사람들의 내면을 들여다보면 안정이나 평온과 거리가 멀다.

만약 당신도 그렇다면 자신에게 솔직해져도 된다고, 자신의 상처를 들여다보고 약한 모습을 보여도 된다고 말해주기를 바란다. 당신은 언제 마지막으로 울었는가? 당신은 정말 마음껏 슬퍼하면서 눈물을 흘릴 수 있는가? '나는 강해지고 싶어. 절대 약한 모습을 보이지 않을 거야!'라고 예전에 한 군은 결심을 철회하지 않으면, 인생은 강제로 약한 모습을 보이게 만들 것이다. 질병이든 사고를 통해서든 말이다. 우리는 아직 마음의 문을 열지 못하고 있다. 만약 당신 주위에 한탄하는 사람들이 있는가? 그렇다면 당신이 한탄하고 약한 모습을 보이기 싫어하기 때문에 다른 사람이 대신 한탄하는 것이다.

● 내가 무엇을 해도 못마땅한 사람

만약 이런 사람들과 자주 마주치게 된다면 스스로에게 이런 질문을 해보기 바란다.

> **Q** 나는 모든 사람의 기대를 충족시켜야 한다고 생각하는가?

어렸을 때 우리는 부모의 기대 나중에는 양육자와 교사들의 기대와 요구를 충족시켜야만 했다. 그래서 어른이 된 지금

도 우리 안에 있는 어린아이는 계속 그렇게 해야 한다고 생각
한다.

우리는 이제 다르게 생각할 수 있다. 다른 사람의 기대를 충
족시키며 살기보다는 우리의 마음에 따라 살기로 결정할 수
있다. 다른 사람들이 눈살을 찌푸리고 '이기적'이라고 비난하
더라도 말이다. 자신을 사랑하고 마음의 소리에 귀를 기울이
는 사람은 이기적인 것과는 아주 거리가 멀다. 그는 자신의 주
변 사람들, 특히 자녀들과 배우자에게 축복이고 모범이 된다.
오스트레일리아의 호스피스 간호사 브로니 웨어는『내가 원
하는 삶을 살았더라면』이라는 책에서 대부분의 사람들은 죽
음을 맞이할 때, 항상 다른 사람들의 눈치를 보고 그들에게 잘
보이기 위해 살았던 것을 후회한다고 한다. "내가 원하는 삶
을 살 용기가 있었더라면" 하고 말이다.

● 거만하게 굴고 나를 업신여기는 사람

혹시 마음속으로 자신을 다른 사람들보다 하찮다고 여기지는
않는가? 당신 내면의 비판가이자 재판관이 "네가 뭔데? 넌 그
냥 별 볼 일 없는 사람이잖아? 지금까지 네가 제대로 한 게 뭔

데?"라고 말하고 있지는 않는가? 우리가 다른 사람을 거만하나고 느끼며 기피하는 것은, 우리가 가상으로 만들어낸 그들의 눈과 생각을 통해 우리 자신을 내려다보고 있기 때문이다. 이를 통해 우리는 자신에 대한 생각을 확인하고 자기 자신을 더욱 하찮게 만든다. 우리 스스로 열등하거나 '별 볼 일 없는 존재'로 느낀다. 그리고 자기 자신에 대한 모든 생각을 외부로 발산하고 일부 사람들이 우리를 그렇게 대하게끔 만든다. 다음 질문에 답해보자.

> **Q** 당신이 가치 없는 사람이라고 처음으로 생각하게 만든 사람은 누구인가?

아버지, 어머니, 형제자매였는가? 현재 당신 주위에 있는 '거만한' 사람들은 어린 시절에 당신에게 거만하게 굴었던 사람들의 대리인일 뿐이다. 당신을 처음 '업신여긴' 그 사람과 당신의 내적 관계를 해결하고, 위축감과 열등감의 감정을 의식적으로 받아들이고 느끼기로 결심하라.

● 화를 잘 내며 시비 걸기 좋아하는 사람

많은 사람들이 이런 사람들을 어려워하고 어쩔 줄 몰라 한다. 그렇지만 이런 무력감에서 빠져나올 수 있는 길은 있다. 다른 사람을 공격하지 않고 분노를 표현하는 방법을 배운 사람은 많지 않다. 대신 자신의 감정을 억누르며 "나는 화를 내고 싶지 않아"라고 말한다. 하지만 그들 안에 있는 어린아이는 이런저런 일 때문에 몹시 화가 나 있는 상태다. 우리는 어렸을 때 화를 내는 아이는 사랑받을 자격이 없는 아이라는 메시지를 너무나 분명하게 받았다. 그래서 감정을 억누르며 자신보다 더 약한 사람이나 죄 없는 고양이에게 몰래 분노를 발산하기도 했다.

사람이라면 누구나 이따금 화를 낸다. 화가 나는 것은 나쁜 것이 아니라 기쁨과 마찬가지로 우리가 느끼는 감정 중 하나다. 우리가 분노와 같은 감정을 표현하지 않고 계속 억누르게 되면, 안에 차곡차곡 쌓이다가 갑자기 폭발하게 된다. 아주 사소한 일에도 불같이 화를 내던 아버지나 어머니를 떠올려보자. 오랫동안 쌓이고 억눌렸던 좌절감이 그런 식으로 발산되는 것이다.

만약 당신이 길거리에서, 집에서 또는 직장에서 공격적인

사람들과 자주 마주친다면 스스로에게 이런 질문을 해보기
바란다.

> Q 나의 마음속은 지금 평온한가? 나는 왜 아직까지 화가 나 있
> 는가?

우리는 대개 다른 사람들 때문에 화가 난다. 하지만 감정을
깊이 들여다보면 결국 자기 자신에게 화가 나 있다는 사실을
발견할 수 있다. 우리는 자기 자신에게 가장 좋은 친구이지만,
스스로에게 상처를 주고 아주 불친절하게 대하는 적이기도
하다.

• 나에게 관심이 없는 사람

만약 당신이 이런 사람들 때문에 화가 났거나 실망했다면 스
스로에게 다음과 같은 질문을 해보자.

> Q 나는 나의 생각과 감정, 나의 몸, 나라는 존재에 대해 얼마나
> 많은 관심을 가지고 있는가?

다른 사람이 당신에게 관심을 줄지 말지 결정하는 것은 당신이 관여할 수 없다. 당신이 관여할 수 있는 일은 첫째, 당신 자신에게 관심을 갖는 것이고 둘째, 당신이 다른 사람들에게 관심을 갖는 것이다. 그렇지만 당신이 다른 사람들에게 관심을 가진다고 해서 그들도 당신에게 똑같이 관심을 줄 것이라는 희망 또는 기대를 갖고 있다면, 그 기대는 실망으로 끝날 수밖에 없다. 그런 기대를 갖고 있다는 것은 뭔가를 돌려받기 위해 관심을 준다는 의미이기 때문이다. 기쁜 마음으로 기꺼이 다른 사람에게 관심을 주는 게 아니다.

우리는 성인으로서 이러한 어린아이와 같은 기대에서 벗어나 자기 자신과 사랑스럽고 배려 있는 관계를 맺어야 한다. 그리고 무엇보다 이 관계는 의식적이어야 한다. 우리 곁에 아무도 없다 할지라도 우리는 완전히 자신의 편이 될 수 있다.

우리는 온종일 자기 자신과 함께 있지만 자신의 내면세계에는 관심을 주지 않는다. 우리가 아이였을 때는 최소한 한 명 이상이 우리를 돌보고 우리가 잘 지내는지 관심을 주었다. 이제 어른이 된 우리는 그 일을 스스로 맡아서 해야 한다. 우리 안에 있는 어린아이를 잘 돌보고 혼자 있는 것을 즐길 수 있도록 응원해줘야 한다. 당신은 오롯이 혼자만의 시간을 즐길 수 있는가?

● 항상 나와 의견이 다른 사람들

이런 사람들과 대화를 하다 보면 종종 좌절감을 느낀다. 하지만 대화를 어떻게 끝낼지는 상대방이 아니라 우리에게 달렸다. 우리가 상대방의 의견에 맞서고, 우리의 의견을 관철시키고, 내 주장이 옳다고 고집을 부리거나 부득부득 이기려고 한다면 대화는 대부분 싸움으로 끝나고 만다.

이런 사람들은 대개 자신의 행동을 통해 다른 사람들의 관심을 끌고 싶어 한다. 어렸을 때 소위 '떼쟁이'로 통하거나 또는 '싫어요'라는 말을 입에 달고 살면서 사람들의 관심을 끄는 데 성공한 경험을 가지고 있을 것이다. 하지만 자신의 주장이 옳다며 벌이는 싸움은 무의미하다. 엄밀히 따지면 누구나 자신의 관점과 경험을 바탕으로 주장하기 때문에 모든 사람의 주장은 옳다. 우리가 상대방에게 휘말리지 않고 상대방의 내면에 있는 어린아이를 감정적으로 인지하고 수용해주고 주장을 내세울 수 있게 해주면 상대방도 그것을 느끼고 관계도 곧 풀어진다.

●다른 사람의 말을 들으려고 하지 않는 사람들

눈에 띄게 많은 사람들이 여기에 속한다. 이들은 시도 때도 없이 발신 모드에 맞춰져 있어서 수신 모드로 바꾸는 것이 쉽지 않으며, 다른 사람의 말에 진심으로 귀를 기울이거나 침묵하지 못한다. 하지만 흥미로운 점은 많은 사람들이 그러한 사실을 모른다는 것이다. 그들은 자신들의 이야기만 하며, 자신들의 '감정 쓰레기'를 우리에게 떠넘기고 가버리려 한다. 우리는 이런 사람들을 가능하면 보고 싶어 하지 않는다. 하지만 가족 모임, 생일 파티나 장례식 그리고 일터에서 어쩔 수 없이 번번이 마주치게 된다. 우리는 이들에게 "내 말을 제대로 듣고 있지도 않잖아!"라며 비난한다.

이 말은 상대방에게 굴복하라는 요구처럼 들린다. 상대방이 지금 말을 들어줄 마음이 있는지, 아니면 나중에 조용히 대화를 하고 싶은지 묻지도 않고 다짜고짜 말을 시작한 것은 당신이기 때문이다. 대화할 준비가 되어 있는지 고려하지 않고 무작정 말을 시작했다면, 상대방이 내 말에 귀를 기울여주지 않는다고 불평해도 소용이 없다. 그런 식의 '대화'는 대부분 다툼과 몰이해로 끝날 뿐이다.

● 어디서든 항상 나서고 주목받으려는 사람

이런 사람들 때문에 화가 나는 사람들은 대부분 어렸을 때 너무 나서지 말고 자신을 드러내지 말라고 배운 사람들이다. 우리는 대부분 남들에게 손가락질을 당하지 않기 위해 좋지 않은 일로 눈에 띄지 않으려고 노력한다. 반면 시도 때도 없이 나서면서 다른 사람들에게 기회를 주지 않고 무슨 수를 써서라도 관심을 독차지하려는 사람은 충분히 관심을 받지 못할까 봐 두려워하는 불안이 내면에 깔려 있다. 그 사람의 내면에는 굶주린 어린아이가 위세를 떨치고 있는 것이다. 만약 당신이 자주 이런 사람들과 마주친다면 스스로 이런 질문을 해보기 바란다.

> **Q** 나는 나에게 충분한 시간과 공간을 내주고 있는가?

우리가 자신에게 시간과 공간을 내주지 않고 내면세계에도 관심을 기울이지 않으면서, 다른 사람들이 우리에게 공간을 내주지 않는다고 속상해하는 것은 의미가 없다.

거짓말을 자주 하는 사람들

거짓말을 대수롭지 않게 생각하는 사람들은 대부분 진실을 말하거나 진실의 편에 서는 것을 두려워한다. 그런데 이들은 정작 그런 거짓말이 자기 자신과 자신이 맺고 있는 관계에 어떤 영향을 미치는지 알지 못한다. 모든 거짓말이나 속임수는 언젠가는 밝혀지기 마련이다. 최근에 정치, 경제, 체육계에서 점점 더 많은 스캔들이 드러나는 것을 보면 알 수 있다. 그리고 점점 더 많은 빛이 어두운 곳을 비추는 전환의 시대를 맞이해서 우리의 사적인 스캔들도 밝혀지고 있다. 다시 말하자면 깊은 곳에 감추어두었던 개개인의 잘못들이 이제 모습을 드러내고 있는 것이다. 질서와 평안이 만들어지려면 무질서하고 평안하지 못한 모든 것들이 아주 분명하게 표면 위로 드러나야 한다.

앞에서 이미 언급했듯이 아주 소수의 사람만이 마음의 진실을 따른다. 대부분은 수많은 어쭙잖은 타협과 모순 속에서 무의식적으로 자기 자신을 속이며 살아가지만, 사실 그렇게 사는 것을 원치 않는다. 이것은 자기 삶을 근본적으로 속이는 것이다. 커다란 스캔들이 세상에 드러나는 것과 마찬가지로 언젠가는 자기 삶 속에서 드러나게 되고, 자신의 진실과 마주할 수밖에 없다. 죽음을 앞두고 뒤늦게 마주하지 않으려면 지금부터라도 마음속 진실을 바라보아야 한다. 당신의 진실이 무엇인지 다른 사람들이 이래라 저래라 지시하지 않도록 하자. 일과 자기 자신을 돌아보고 뭔가 잘못되거나 맞지 않는 부분이 무엇인지 자각하기 바란다.

거짓말을 자주 하는 사람 때문에 화가 나는가? 우리는 먼저 스스로에게 다음과 같은 질문을 해볼 수 있다.

> **Q** 내 삶에서 거짓된 부분은 어디인가? 내면에서는 많은 것이 잘못되었다고 말하는데 겉으로는 아무 문제가 없는 척 행동하는 부분은 어디인가?

우리가 더는 자책하지 않고 자신을 속이며 살아온 사실을 인정하면, 당신에게 거짓말을 하는 사람도 이해하게 된다. "지금 자신이나 다른 사람을 속이는 것 말고는 달리 방법이 없겠지" 하는 시각으로 볼 수 있게 된다.

● 받으려고만 하고 절대 베풀지 않는 사람

이렇게 행동하는 사람들은 살아가는 데 필요한 것 이상으로 많은 것을 가지고 있으면서도 불안으로 가득하다. 이런 사람들을 '구두쇠'라고 비난할지, 아니면 그렇게 행동하는 이유를 생각해볼지는 우리의 선택에 달렸다.

베풀고 나누는 일에 기쁨을 느끼는 사람만이 풍족함을 느끼고 실제로 풍요롭다. 하지만 이들은 이러한 인생의 에너지 법칙을 제대로 이해하지 못한다. 물질적인 소유에 과도하게 집착하고, 끌어모으고, 점점 더 많이 쌓아놓으려고 하는 사람은 결국 마음이 가난하고 공허해진다. 인생의 모든 에너지는 흘러가려는 경향이 있다. 인생 자체가 절대 멈추는 법이 없는 흐르는 강물과 같기 때문이다. 누군가에게 뭔가를 주기도 하고 받기도 할 때 우리의 삶도 풍요로워진다.

인색한 사람이 있으면 시기하는 사람도 있다. 시기 역시 충분히 얻지 못하거나 받지 못할 것이라는 불안에 기인한다. 이런 불안을 인지하고 바꾸지 않으면, 우리가 불안해하는 바로 그런 상황을 스스로 끌어당기게 된다. 마음속으로 생각해보자.

Q 당신은 정말 받을 준비가 되어 있는 사람인가?

정말 마음속 깊은 곳에서 스스로 번영과 부를 누릴 만한 가치가 있다고 생각하는가? 아는 사람에게 예상치 못한 선물을 받았다면 그저 기쁘게 반응할 수 있는가? 아니면 곧장 그 사람이 나에게 무슨 대가를 바라는지 궁금하거나, 그 사람에게 빚진 기분이 들어서 기회가 있을 때 그에 상응하는 비슷한 선물을 하려고 하는가? 만약 그렇다면 당신은 인생의 선물들을 기꺼이 받아들일 마음의 준비가 되지 않은 것이다. 인생이 당신에게 주는 선물들을 받을 자격이 없다고 생각하고 있기 때문이다.

● 나를 자주 비웃거나 창피하게 만드는 사람

만약 당신에게 이런 일이 자주 일어난다면 다음 두 가지 질문에 스스로 답해보기를 바란다.

Q1 나는 나를 진지하게 대하고 존중하고 있는가? 나는 나의 가치를 어떻게 평가하는가?

Q2 유년 시절 또는 청소년 시절에 언제 그리고 누가 나를 창피하게 만들었는가?

학창 시절에 교사나 다른 학생들의 주도하에 비웃음이나 창피를 당하거나 따돌림을 당한 사람들이 있다. 이런 경험은 수십 년이 지난 후에도 우리 안에 있는 어린아이의 내면에 깊이 박힌다. 그 당시에는 사람들이 대하고 생각하는 대로 자기 자신을 생각하도록 배우기 때문에, 우리는 이런 생각을 통해 위축감과 열등감을 느낀다. 그리고 동시에 언제 그런 취급을 다시 당할지 모른다는 불안에 떨게 된다.

자신을 아주 가치 있고 소중한 존재로 바라보는 법을 배우지 못하고 비하하고 하찮게 여기면 다른 사람들도 그것을 감지한다. 그리고 스스로를 하찮게 여기는 사람들은 자기 자신의 상처에서 시선을 돌리기 위해 바로 그런 기회를 이용한다. 주위 사람들의 성취나 가치를 인정하거나 칭찬하지 못하는 사람은 자기 자신의 가치를 아직 인정하지 못하는 사람이다.

사소한 일에
욱하지 않는
생각 전환법

앞에서 많은 사례를 통해 설명했듯이 우리 내면에서 일어나는 일들, 특히 자신과 인생, 주위 사람들에 대해 생각하고 믿는 대로 외부세계가 만들어진다. 우리가 잘 지내지 못하고 마음이 편하지 않다면, 그것은 우리가 하는 생각의 질, 외부에서 일어나는 일에 대한 생각, 즉 반응 때문이다. 특히 '아니야, 이러면 안 되고 이러저러해야 해'라고 거부하는 생각이 우리를 괴롭힌다.

불만스럽거나 평안하지 못한 상황에서 당신은 무슨 생각을 하는지 의식하면서 떠올려보자. 그리고 그런 생각들이 진실인지 검토해보자. 몇 시간 동안 머리를 쥐어짜면서 생각해본다고 해서 되는 것이 아니다. 편안하거나 불편함을 느끼는 신체의 반응과 동반해서 나타나는 당신의 느낌이 중요하다. 당신의 마음은 진실을 알고 있고 진실에 부합하는지 여부를 몸을 통해 신호를 보내준다.

● 어떤 생각이 나와 잘 맞을까?

어떤 문장을 볼 때 당신의 몸이 움찔하거나 압박감, 긴장감, 두려움, 무력감, 분노와 연결된 불쾌감을 느낀다면, 그 문장의 내용을 사실이 아니라고 받아들인다는 의미다. 반면 어떤 생각을 떠올릴 때 온기, 이완, 가벼움과 같은 편안한 기분이 느껴지고 심지어 내면까지 밝아진다면 당신의 마음은 몸과 함께 "이게 맞아. 이 생각은 기쁨과 평화와 관련 있어"라고 말하는 것이다.

지금 당장 한번 시도해보자. 수백만 명의 사람들이 어렸을 때부터 들었고 아직까지도 그렇다고 믿고 있는 문장부터 살펴보자.

"인생에 공짜는 없다!"

눈을 감고 숨을 깊게 들이마시고 부드럽게 내쉬면서 이 말을 두세 번 정도 곱씹어보자. 그리고 이제 당신의 몸이 이 말에 어떻게 반응하는지 몇 초 동안 느껴보자.

두 번째 단계로 넘어가자. 눈을 감고 아래 적혀 있는 말을 떠올려보자. 당신이 비록 그렇게 생각하지 않는다 하더라도 말이다.

"하루하루는 나를 위한 선물로 가득하다!"

이제 당신의 몸이 어떻게 반응하는지 느껴보자. 이 문장에 대해 생각하지 말고 그냥 이 문장의 에너지가 당신에게 작용하도록 하고 그 결과를 느껴보자. 모든 사람들의 몸과 심장은 첫 번째 문장을 접할 때 긴장감, 압박감과 비슷한 감정을 느끼는 반면에 두 번째 문장을 접할 때는 편안하게 반응한다.

● 생각을 바꾸면 몸과 마음이 편해진다

기분이 좋지 않거나 누군가에게 화가 날 때 똑같이 시도해
볼 수 있다. 예를 들어, "더 평화로운 세상이 됐으면 좋겠어!"
와 같이 누구나 동의할 만한 생각을 떠올려보자. 분명 머리는
"맞아. 그랬으면 좋겠어. 하지만 세상은 그렇지가 않아!"라고
말할 것이다. 이 생각을 한번 뒤집어보면, "이 세상은 지금처
럼 계속 그렇게 평화롭지 않아도 괜찮아"가 된다. 그리고 이
에 대해 당신의 몸이 보이는 반응을 살펴보자. 이런 생각을 할
때 긴장이 풀리고 평화가 느껴지는가?

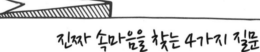

진짜 속마음을 찾는 4가지 질문

미국의 영적 지도자인 바이런 케이티는 지난 수십 년간 생각의 진실을 찾고, 진실하지 않은 생각을 찾아내는 방법에 많은 기여를 했다. 바이런 케이티는 자신이 고안한 '작업(The Work)'이라는 방법에서 네 가지 중심 질문을 던진다.

① 내가 지금 하고 있는 생각은 정말 사실일까? (Y or N)

② 나는 그 생각이 사실이라고 절대적으로 확신할 수 있는가? (Y or N)

③ 지금 그런 생각을 할 때 나는 어떻게 반응하는가? (몸, 감정, 행동의 반응)

④ 그런 생각을 하지 않는 나는 누구인가? 만약 그런 생각을 하지 않는다면 나는 누구일까?

'작업'의 목적은 처음에 했던 생각을 더 사실처럼 느껴지는 새로운 생각으로 전환시켜 진실을 찾아내는 것이다. 이어서 우리가 흔히 비판과 비난을 하는 생각들을 살펴보자. 우리는 무의식적으로 그런 생각들을 하고 스스로를 어떤 사람이나 사건의 피해자로 만들어버린다.

● 내가 화가 나는 이유는 아들이/딸이……
— 내 말을 귓등으로도 안 들으려고 하기 때문이다.
— 너무 게으르기 때문이다.
— 계속 컴퓨터 앞에만 붙어 앉아 있기 때문이다.
— 어떻게 살아갈지 아무 생각이 없기 때문이다.

당신이 아들/딸에게 했던 비난의 말보다 생각의 전환이 더 진실에 가까운 것은 아닌지 스스로 점검해보자.

● 내가 나 자신에게 화가 나는 이유는……
— 나 자신도 내 마음이 하는 말을 들으려고 하지 않기 때문이다.
— 항상 부지런을 떨어야 하고 그냥 가만히 앉아서 쉬거나 아무것도 하지 않는 것을 견디지 못하기 때문이다.
— 내가 항상 일거리를 앞에 두고 앉아 있기 때문이다. / 저녁에 텔레비전 앞에 붙어 앉아 있기 때문이다. / 아이와 놀아주기에는 너무 피곤하기 때문이다.

— 나 자신도 내가 무엇을 위해서 사는지 알지 못하기 때문이다. /

내 삶의 의미를 발견할 수 없기 때문이다.

사례에 따라 다음과 같이 적용해볼 수 있다.

● 내가 나의 전 남편/아내를 미워하는 이유는 그가/그녀가……

— 아이들을 만나게 해주지 않기 때문이다.

— 아이들이 나를 싫어하도록 부추기기 때문이다.

— 나를 압박하기 때문이다.

— 나에게 아주 심한 상처를 주었기 때문이다.

⇩

● 내가 나 자신을 좋아하지 않는 이유는……

— 내 안에 있는 어린아이에게 마음을 닫아버렸기 때문이다.

— 내 안의 상처 입은 아이가 그를/그녀를 미워하도록 부추기기

때문이다.

— 내가 그를/그녀를 압박하기 때문이다.

— 나 자신에게 자주 상처를 주었기 때문이다.

● 내가 아버지를 절대 용서할 수 없는 이유는……

— 우리는 안중에도 없이 버리고 떠났기 때문이다.

— 어머니를 때렸기 때문이다.

— 나를 학대했기 때문이다.

— 술 마시느라 돈을 다 탕진해버렸기 때문이다.

⇩

● 내가 나 자신을 쉽게 용서할 수 없는 이유는……

— 내 마음을 무시하고 원치 않았던 일들을 했기 때문이다.

— 내가 어머니를 돕거나 보호해주기에는 힘이 너무 약했기 때문이다.

— 나 자신을 방어할 수 없었고 이용당한 느낌이 들기 때문이다.

— 살면서 너무나 많은 것을 그냥 무작정 억누르고 참아왔기 때문이다.

● 내가 이웃집 남자를 좋아하지 않는 이유는……

— 사사건건 우리를 고발하기 때문이다.

— 소음을 유발해서 조용히 휴식을 취할 수 없게 만들기 때문이다.

— 인사하는 법이 없기 때문이다.

— 나에 대한 소문을 퍼뜨리고 다니기 때문이다.

⇩

● 내가 나 자신을 좋아하지 않는 이유는……

— 끊임없이 자책하고 나 자신을 비난하기 때문이다.

— 내면의 소음에 주의를 기울이지 않기 때문이다.

— 내가 그 이웃집 남자와 불친절한 사람들에게 인사를 하지 않기
때문이다.

— 나 자신도 나에 대한 거짓된 말들을 믿기 때문이다.

● 내가 상사에게 화가 나는 이유는……

— 칭찬에는 인색하면서 자주 지적을 하기 때문이다.

— 내가 얼마나 일을 잘하는지 알아주지 않기 때문이다.

— 항상 위에서 내려다보며 고압적으로 말하기 때문이다.

— 그냥 무능력하기 때문이다.

⇩

● 내가 나에게 화가 나는 이유는……

— 나 자신을 칭찬하는 것에 인색하고 자주 비난하기 때문이다.

— 내가 하는 일이 얼마나 가치 있는 일인지 스스로도 인정할 수 없기 때문이다.

— 나 자신도 마음속으로는 가끔 못된 사람이기 때문이다.

— 스스로도 많은 부분에서 능력이 부족하다고 생각하고 그것이 내심 창피하기 때문이다.

당신과 평온하게 지내지 못하는 사람들에 대해 생각해보고 이렇게 생각을 바꿔보는 것으로 진실에 가까워질 수 있다. 예를 들어 당신의 가족, 친척, 직장 동료, 상사 등을 대상으로 얼마든지 목록을 작성할 수 있다.

5장

"더 이상 나를
건드리지 말아줘!"

또라이 천사를 내 편으로 만드는 관계 정리법

나를
아프게 한
그때 그 사람들

많은 사람들이 어린 시절을 뒤돌아보고 싶어 하지 않는다. 하지만 그 시절에 경험한 일들이 바로 지금 당신이 겪는 문제의 근본적인 원인이므로 해결책도 그 경험 속에서 찾아야 한다. 당신이 애인에게 느끼는 실망감과 상심, 자녀 문제, 상사, 동료, 고객 또는 당신의 주위에 있는 사람들과 겪게 되는 관계의 어려움 등 모든 문제의 원인이 그 시절에 있다.

● 살아남기 위해 사랑받고 싶던 날들

어린 시절 우리는 부모나 손위 형제자매 같은 중요한 인물들에게 직접적인 영향을 받았다. 소년과 소녀, 남자와 여자, 삶과 일, 성공과 돈, 사랑과 관계, 몸과 성에 대해 스스로 생각하기보다 배운 대로 느낀다. 그리고 대부분 성인이 되고 한참 후에도 여전히 그렇게 생각하고 믿는다. 아버지와 어머니가 어떻게 대하든 상관없이 어렸을 때 우리는 부모에게 전적으로 의존하는 상태였고 부모의 관심과 인정, 사랑을 받기 위해 노력해야 했다. 이런 에너지는 식탁 위에 놓인 음식만큼이나 어린아이의 생존에 아주 중요했다. 그리고 그것을 얻기 위해 투쟁하던 방식은 지금까지도 애인, 자녀, 상사, 친구 그리고 다른 사람들을 대할 때 영향을 미친다. 또한 반대로 상대방이 우리를 대하는 방식에도 영향을 미친다.

하지만 인생의 초반에 일어난 일은 삶을 평화와 기쁨, 성공으로 채우는 데 결정적인 역할을 하지 않는다. 최종 선택은 우리 스스로 어린 시절과 그 당시의 아이, 부모가 겪은 일과 행동을 어떻게 바라보고 느끼고 생각하느냐에 달렸기 때문이다. 앞에서 여러 번 말했듯이 어린 소녀 또는 소년은 여전히 우리 안에 살아 있으며, 어린 시절과 똑같이 생각하고 행동하려는 경향이 있다. 그 내면의 어린아이는 어른이 된 우리를 많은 상황에서 조종하는데 우리는 자신이 한 행동에 대해 스스로 의아해하는 경우가 있다. 그러면서 '그렇게 하지 말걸!' 하고 번번이 후회한다.

● 어린 시절의 기억에서 벗어나려면

우리 안에 있는 어린아이는 어른이 된 우리가 직접 자신을 봐주고, 이해하고 인정하며 사랑해주기를 바란다. 우리는 이제 이 아이의 아버지 또는 어머니가 될 수 있다.

이 아이가 우리 안에서 보호받고 안전하다고 느끼면서 살아가게 되면, 어른이 된 우리는 그 어린아이와 같이 삶을 즐기며 수월하게 살아갈 수 있다. 그렇게 되어야만 어렸을 때부터 지니고 있던 오래된 생각과 행동 패턴을 벗어던질 수 있다. 이 생각과 행동 때문에 지금도 일상생활에서, 직장에서 갈등과 실망, 결핍을 느끼고 화를 내는 것이다.

그중 일부는 앞에서 이미 언급했다. 우리는 다른 사람의 기대를 충족시켜야 하고 성취와 순응을 통해 사랑과 관심을 얻어야 한다고 믿었다. 그러기 위해서 대부분의 사람들이 자기 자신과 자신의 마음을 배신한다. 맞지 않다고 느끼는 것에 "아니요"라고 말하는 법을 한 번도 배운 적이 없기 때문이다.

만약 형제자매가 있다면 그들과 과거에 맺었던 관계는 우리가 의식하는 것보다 현재의 삶에 훨씬 더 많은 영향을 미친다. 특히 직장에서 동료들과 맺는 관계에 많은 영향을 미친다. 우리는 형제자매들과 함께 관심과 사랑이라는 소중한 가치를 두고 쟁탈전을 벌여야 했다. 오늘날에는 직장에서 동료들끼리 상사의 관심과 인정을 받기 위해 이와 비슷한 경쟁을 벌인다. 직장 내 시기와 질투, 따돌림은 어린 시절 형제자매 또는 다른 아이들과 겪었던 갈등에 원인이 있을 수 있다.

앞으로 몇 달간 부모, 형제자매와 있었던 일들은 물론이고 서로의 관계에 대해 아주 자세히 들여다보기 바란다. 그러면 당신의 내면과 사람들 사이에서 평화와 자유를 얻을 수 있을 것이다. 다시 말해 그들과 얽혀 있는 관계에서 자유로워질 수 있다. 이것은 자신에게 줄 수 있는 가장 큰 선물이며, 일상생활과 직장에서 많은 것을 변화시킬 수 있다.

● 우리는 모두 서툰 부모 아래 자랐다

나는 우리 인생의 갈등과 문제, 결핍 상태의 90% 이상이 아이
와 부모 또는 형제자매 간의 해결되지 못한 문제, 아직 풀리지
못하고 꼬여 있는 관계에 원인이 있다고 생각한다. 내가 개최
한 수많은 세미나에서 만났던 수천 명의 참가자들을 통해서
이를 분명하게 확인할 수 있었다.

　나는 수천 명의 사람들에게 이런 질문을 했다.

　"여러분 중에서 유년 시절에 행복한 어머니 또는 행복한 아
버지 밑에서 자라신 분이 계십니까?"

　그 결과는 전국적으로 거의 동일했다. 5% 미만, 때로는 겨
우 2%만이 "그렇다"고 대답했다. 이 결과를 통해 부모도 우리
에게 자기 자신은 물론 주변과 평화롭고 즐겁게 행복한 삶을
사는 법을 안내해줄 수 없었고, 행복한 여자 또는 행복한 남자
로서 사는 모범을 보여줄 수도 없었다는 것을 알 수 있다. 그
렇지만 여기에 좋은 점도 있다. 우리는 수천 년 만에 처음으로
행복하게 사는 모습을 자녀에게 보여줄 수 있는 세대가 될 수
있다.

● 머리가 아닌 마음으로 돌아보기

앞으로 우리는 애인 또는 전 애인, 상사 또는 동료와 맺은 관계가 어떻게 부모와 형제자매와 맺었던 관계로까지 거슬러 올라가는지 더욱 자세히 알아볼 것이다.

어린 시절에 부모, 형제자매와 사이가 아주 좋았고 특별히 부정적인 기억이 없다고 할지라도 당신은 내면의 어린아이를 통해 여전히 부모, 형제자매와 내면적으로 얽혀 있다. 오늘날 당신이 인간관계와 삶을 마음이 원하는 대로 만들지 못하는 이유다. 이렇게 얽혀 있는 관계를 구체적으로 보고 몸으로 느낄 때 깊이 있게 깨닫게 될 것이다.

이 깨달음은 단지 머리로만 이해하는 것이 아니라 먼저 감정으로 느끼면서 이해해야 한다. 이는 훨씬 더 깊이 있는 이해다. 이를 통해서 우리는 공감과 사랑에 마음을 열 수 있다. 우선 자기 자신에게 마음을 열 수 있고, 그다음은 내면의 아이에게, 최종적으로는 내면의 아이를 가진 또 다른 사람들에게도 마음을 열 수 있다.

또라이 천사 ①
내 인생의 첫 상사,
아버지

태어나서 처음 만난 이 남자와 얽힌 내면의 관계는 당신 삶에 가장 큰 영향을 미친다. 연인 관계, 직장 생활의 성공과 실패뿐만 아니라 다른 많은 일들에 영향을 미친다. 그러나 여전히 많은 사람들이 과거는 말 그대로 지나간 것일 뿐이라고 생각한다. 하지만 과거는 우리 몸속에 저장되어 있어서 우리는 항상 과거를 짊어지고 다닌다. 그렇기 때문에 매일 우리에게 엄청난 영향을 미치고 우리를 조종하지만 우리는 그런 사실조차 알지 못한다.

하지만 괜찮다. 이제 우리는 부모와 형제자매와 얽힌 관계를 바꿀 수 있다. 그러기 위해서는 그들과 함께했던 경험들, 특히 그들에 대한 우리의 생각과 감정을 집중적으로 파헤쳐야 한다. 어쩌면 당신은 "저는 아버지에게 화나 있지 않아요"라고 말할지도 모른다. 하지만 우리 모두는 아버지와 내적으로 얽혀 있다. 연인 관계나 직장 일이 원하는 대로 풀리지 않는 이유는 아버지와 자신의 관계 속에 숨어 있는 문제 때문일지도 모른다.

● 딸에게 아버지란

당신은 대체로 남자들에 대해 어떻게 생각하는가? 남자를 좋아하는가? 아니면 남자에 대해 두려움을 갖고 있는가? 당신은 어떤 남자가 특히 눈에 거슬리고, 어떤 남자 때문에 자주 화가 나는가? 당신은 지금까지 어떤 남자와 연애를 했는가?

당신이 지금까지 만난 남자들을 떠올려보자. 당신의 아버지와 공통점이 있지 않은가? 당신이 만난 남자들은 당신의 아버지와 비슷할 수도 완전히 정반대일 수도 있다. 전자든 후자든 어렸을 때 아버지와 맺었던 내면적 관계는 당신이 무의식적으로 어떤 남자들을 끌어당기는지에 결정적인 영향을 미친다. 왜냐하면 당신은 원하든 원하지 않든 예전에 아버지를 바라보던 생각과 감정의 필터를 통해 이 세상의 모든 남자들을 바라보기 때문이다.

만약 어머니가 아버지에 대해 긍정적인 말보다 비난이나 안 좋은 말을 많이 했다면 당신은 이를 그대로 받아들였을 것이고, 이는 현재 당신이 갖고 있는 남성상에 영향을 미쳤을 것이다. 당신이 여자로서 당신의 아버지와 다른 많은 남자들에 대해 비난하거나 무시하는 생각을 갖고 있다면, 인생은 당신에게 그런 남자들을 '보내주거나' 아니면 어떤 남자도 끌어당기지 못하게 할 것이다. 모든 남자들은 여자가 남자를 어떻게 생각하는지 본능적으로 감지하기 때문이다.

● 딸은 왜 최고의 아들이 되어야 하는가

어머니가 당신을 임신했을 때 아버지는 아들을 원했거나 당신의 언니나 오빠가 이미 어머니의 사랑을 독차지하고 있었는가? 그렇다면 당신은 일찍부터 아버지의 그런 소원을 들어주기로 결심하고 '여자의 몸으로 최고의 아들'이 되고자 노력했을 가능성이 상당히 높다. 이는 당신의 삶에 가장 큰 영향을 미치게 된다. 직업적으로 성공을 거둔 많은 여성들이 '파파걸'이었다. 이들은 진취적으로 능력을 발휘하며 연인 관계에서도 주도권을 쥐고, 번번이 유약한 마마보이 유형의 남자들을 끌어당긴다.

만약 당신의 아버지가 벌컥 화를 잘 내는 남자였거나 심지어 어머니나 아이들에게 폭행을 가하기도 했다면, 그때의 놀라움과 두려움은 당신의 내면에 있는 어린아이에게 남아 있게 된다. 그리고 이런 일이 자신에게 또다시 일어날지도 모른다는 강력한 거부감과 두려움은 결국 폭력을 휘두르는 또는 공격적인 남성들을 삶으로 끌어당기게 된다. 또는 자신도 깜짝 놀랄 정도로 아이들에게 폭력적인 모습을 보일 수도 있다.

이는 술을 마시는 부모나 애인에게도 해당된다. 만약 어린 소녀가 아버지의 약한 모습을 인지했고 아버지에게 자주 동정심을 느꼈다면, 이런 동정심과 내면의 소녀가 느끼는 의존성은 무의식적으로 유약한 남자를 끌어당기고 그를 돌보고 보살피는 역할을 하게 된다. 혹시 당신도 이렇게 남자를 돌보는 역할을 맡고 있는 것은 아닌가?

아들에게 아버지란

어린 시절 당신의 아버지에 대해 오늘날 어떤 생각과 감정을 가지고 있는가? 아버지를 사랑하고 자랑스러워하는가, 아니면 미워하는가? 아버지에게 무관심하고 더는 상관하고 싶지 않은가, 아니면 당신에게 없는 존재나 마찬가지인가? 당신이 아버지와 맺고 있는 내면적인 관계는 남자로서 존재감, 자긍심, 자신감, 결단력, 의지력, 창의력, 연인 관계에서의 충족감, 직업적인 성공에 엄청난 영향을 미친다.

아버지는 인생에서 처음으로 남자로 살아가는 모습을 보여준 사람이다. 아버지는 당신과 함께 있어주고 당신을 인정하고 자랑스러워했으며 함께 많은 시간을 보냈는가? 아버지는 당신에게 감정을 드러냈는가, 아니면 감정을 절대 드러내는 법이 없었는가? 어린 아들은 아버지가 자신을 봐주고 인정해주는 것을 가장 원한다. 하지만 대부분의 아버지들은 그러지 못한다. 아버지들은 부재중이거나 마음이 닫혀 있어서 어린 아이들을 어떻게 대해야 할지 모른다.

어떤 아버지도 아들에게 강하고 단호하게 남자의 길을 걸어가는 방법을 보여줄 수 없다. 그렇기 때문에 지금까지도 뒤에 서서 아들의 어깨에 손을 올리고 "너는 내 아들이란다. 네가 가는 길에 항상 내 사랑이 함께할 거야. 너만의 길을 걸어가거라"라고 말해주는 아버지가 없다. 그러나 이제는 내면적으로 아버지와 이런 관계를 만들어갈 수 있다. 아버지의 생존 여부와 상관없이 아버지와 평화로운 화해의 길을 걸어간다면 말이다.

• 아버지도 상사도 왜 나를 인정하지 않을까?

어쩌면 당신은 나중에 아버지의 역할을 대신해주는 교사, 양육자 또는 멘토를 만났을지도 모른다. 당신에게 기대를 품고 당신도 미처 알지 못했던 잠재력을 발견해주고 당신을 믿어준 그런 사람 말이다. 하지만 아무리 그런 사람이 었었다고 해도 당신의 생물학적 아버지(또는 의붓아버지나 양아버지)와 당신의 내면적 관계는 오늘날 당신과 당신의 삶에서 가장 중요하다. 그렇기 때문에 아버지와 맺은 관계를 철저하게 해결할 시간을 충분히 가져야 한다.

특히 직장 생활을 하다 보면 어떤 사람들을 통해 아버지와의 관계를 거울을 통해 보듯 경험하게 된다. 상사, 팀장, 과장, 사장 또는 대표 등 일반적으로 우리에게 권력을 행사하는 위치에 있는 사람들이 우리가 아버지와 해결하지 못한 문제를 분명하게 보여준다. 남자의 내면에 있는 어린 소년은 결핍되었던 인정과 칭찬을 여전히 가장 먼저 바란다. 이 경우에는 '회사 또는 부서의 아버지로부터' 인정받기를 원하는 것이다. 최근 몇 년 사이에 직장 상사를 향한 비난이 그 어느 때보다 커지고 있다. "당신들은 칭찬을 할 줄 몰라. 당신들은 칭찬하는 법을 배워야 해!" 그리고 어머니의 목소리가 컸던 집안의 경우에는 상사와 빚는 갈등이 어머니와 해결하지 못한 갈등을 암시한다. 상사들은 또라이 천사 리그에서 몇 년째 상위권을 차지하고 있다.

● 그들에게 칭찬과 인정을 기대하지 마라

여전히 세상에는 자녀를 진심으로 칭찬해줄 수 있는 아버지가 많지 않다. 자기 자신을 칭찬하지도, 인정하지도 못하기 때문이다. 그들의 아버지도 그러지 못했고 그 아버지의 아버지도 역시 마찬가지였다. 사람들은 아버지가 나를 인정해주기를 바라는, 당시에 충족되지 못한 갈망 때문에 현재의 직장 상사에게 실망을 한다(그는 당신의 아버지가 아니기 때문이다). 그러면서도 다른 한편으로는 내심 자신의 아버지를 인정하지 않고, 자신의 상사 또한 거부한다. 당신과 마찬가지로 모든 상사와 아버지는 최선을 다했다. 그것을 인정할지 말지는 당신의 결정에 달렸다.

또라이 천사 ②
내 인생의 조종자,
어머니

우리 인생에서 어머니만큼 우리가 완전히 의존하고 집중적으로 많은 시간을 보낸 사람도 없다. 어머니 배 속에서 보낸 9개월만 해도 어찌 보면 그 자체로 작지만 온전한 삶이었고, 그 기억은 우리 안에 잘 저장되어 있다. 태어나자마자 우리는 육체적으로나 정신적으로 어머니에게 완전히 의존하는 상태였고, 대부분의 사람들이 아직까지도 정신적으로 많이 의존하고 있다. 다만 그렇다는 것을 알지 못하거나 믿으려고 하지 않을 뿐이다.

어머니는 우리가 인생에서 처음으로 만나는 여성이며 어머니와 맺은 내면적 관계는 내적, 외적 평화와 불화, 남자 또는 여자로서 존재감 그리고 우리의 삶의 질에 많은 영향을 미친다. 어머니들은 자주 부재중이었던 아버지들에 비해 아들과 딸의 사고와 행동에 훨씬 더 적극적인 영향을 미치기 때문이다. 이것은 선입견이 아니라 세미나 참석자들과 나눈 많은 대화를 통해 얻은 나의 오랜 경험이다.

일상에서 자녀를 양육하는 어머니의 수고는 엄청나고 경제적으로나 사회적으로 지금보다 더 많은 인정을 받아야 마땅하다. 일주일 동안 아이를 돌본 적이 있는 아버지라면 아이를 키우는 것이 보통 일이 아니라는 것을 알 것이다. 그런데 많은 여성들은 부부 사이가 좋지 않을 때 어머니의 역할에 완전히 몰입해서 아이를 '움켜쥐려고' 한다. 그들은 무의식적으로 아이들에게 무엇인가를 받으려고 하고, 어머니의 역할에 정해진 기간이 있다고 생각하지 않는다. 소수의 어머니만이 아이들을 일찍 독립시키려 격려하고 아이들 스스로 일을 처리하거나 결정할 수 있게 한다. 반면 대부분의 많은 어머니들이 스무 살이 되어도 자녀들을 쉽게 놓아주지 못한다.

● 아들에게 어머니란

당신은 일반적으로 여자들에 대해 어떤 생각을 갖고 있는가? 매력적이라고 여기는 예쁜 여자들뿐만 아니라 나이나 미모와 상관없이 모든 여자에 대해서 말이다. 당신은 어떤 여자들을 싫어하고 여자들의 어떤 행동에 거부감을 느끼는가? 당신은 여자를 두려워하는가? 지금까지 어떤 여자들과 만남을 가졌는가? 그 여자들이 당신에게 맞는 짝이 아니라면, 그들의 어떤 점이 마음에 들지 않았고 받아들일 수 없었는가?

지금껏 당신이 만났던 모든 여자와 겪은 일들을 살펴보면 어린 시절에 어머니와 어떤 관계였는지 알 수 있다. 당신의 어머니는 자녀와 거리를 두는 냉정한 사람이었고 당신과 함께 보내는 시간이 거의 없었는가? 어머니는 당신보다 동생 또는 누나를 편애했는가? 아니면 당신을 남편 대신으로 생각하며 당신에게 모든 걱정을 쏟고, 당신과 아버지 사이를 이간질했는가?

만약 어머니가 약하거나 여러 가지 일로 힘들어하는 분이었다면, 당신은 나중에 도움이 필요해 보이는 여성에게 관심을 보이기 쉽다. 예전에 어머니를 돕거나 구해주고 싶었던 마음처럼 그 여성을 구하는 역할을 할 가능성이 크다.

당신의 어머니는 지시와 잔소리를 많이 하고 당신에게 어떤 것을 결정할 수 있는 힘이 있다는 사실을 인정해주지 않았는가? 수시로 당신을 감시하고 통제했는가? 그렇다면 당신은 이미 어머니처럼 당신을 지배하려는 여성들을 많이 만났을 것이다.

아버지와 마찬가지로 당신의 어머니가 어떤 유형에 속하든지, 어머니 영향에 따라 당신이 어떤 여성을 끌어당겼든지 간에, 당신은 이제 어머니와 얽힌 관계에서 벗어날 수 있다. 지금 당신의 나이와 상관없이 말이다.

● 딸에게 어머니란

어머니와 딸 사이만큼 양가감정을 느끼는 관계도 드물 것이다. 여성의 절반 이상, 아마도 70%에서 80% 정도가 어머니와는 완전히 '다른 삶'을 살겠다고 결심했을 것이다. 당신도 여기에 속하는가? 그렇다면 그런 결정을 다시 검토해보고 다르게 표현해보기를 바란다. 여성들은 대부분 "나는 엄마처럼 힘 없이 누구에게 기대어 살기 싫어. 나는 강하게 살고 싶어"라고 결심한다. 그러나 이 결심을 수정하지 않으면 이 여성은 언젠가는 자신이 절대로 원치 않던 바로 그런 상태가 될 수 있다. 새로운 결심은 이렇게 고칠 수 있다.

"나는 강하지만 가끔 약한 모습을 보여도 괜찮아. 나는 이런 내 모습마저 사랑하는 법을 배울 거야."

어머니 또는 자매와 맺었던 관계는 다른 여자들의 관계에도 영향을 미친다. 심한 경우에는 누군가를 따돌리는 방식으로 이어지기도 한다. 스스로에게 다음과 같은 질문을 해보자.

> Q1 나는 다른 여자들에게 어떤 생각과 감정을 가지고 있는가?
>
> Q2 다른 여자가 나보다 더 성공하고 행복할 때 기꺼이 축하해줄 수 있는가?
>
> Q3 나는 일상에서 다른 여자들을 속으로 비난하고 깎아내리는가? 친구와 함께 다른 여자들에 대해 얼마나 자주 흉을 보는가?

만약 이런 경우가 자주 있다면 당신은 어린 시절의 어머니와 아직 전쟁일 가능성이 높다. 당신의 불안, 연약함, 자기 의심에 대해 허심탄회하게 얘기할 수 있는 동성 친구가 몇 명이나 있는가? 여자보다 남자를 상대하는 것이 더 편하다면 여자로서 자신의 존재를 아직 평화롭게 느끼지 못한다는 암시다.

이를 바꾸려면 어린 시절 당신의 어머니와 평화로운 관계가
되어야 한다.

●아직도 부모가 변하기를 기대한다면

부모 중 한 명이라도 당신 곁에 생존해 있다면 그들을 대하는
느낌이 어떤지 정확히 알 수 있을 것이다. 생일처럼 특별한 날
에만 느껴지는 것이 아니라, 부모와 함께 있을 때나 생각하는
것만으로도 느낄 수 있다. 만약 당신이 어린 소녀 또는 소년이
었을 때 느꼈던 분노와 무력감 같은 감정이 되살아나는가? 만
약 그렇더라도 부모가 변할 거라는 기대나 당신의 삶을 인정
하고 칭찬해줄 거라 기대하지 마라. 만약 그렇게 해준다면 좋
지만, 부모는 그렇게 할 수 없고 어쩌면 앞으로도 그렇게 할
수 없을 것이다. 다른 사람을 있는 그대로 받아들이는 것, 자
신의 기대와 요구를 거둬들이는 것이 사랑이다.

　나이 든 아버지 또는 어머니가 오늘날까지도 당신에게 불
러일으키는 모든 감정은 당신 스스로 만들었다. 그 감정들은
당신 안의 어린아이가 느끼는 것이고 이제 당신이 그 아이를
잘 보살펴줘야 한다. 당신도 이 사실을 잘 알 것이다.

많은 사람들이 아버지 또는 어머니가 나이가 많이 들고 나서야 마침내 자신에게 마음의 문을 열고 사랑, 인정, 고마움을 표했다며 기뻐하고 놀라워한다. 하지만 이것은 아들이나 딸이 부모와 맺은 내면적 관계에 인내심을 가지고 오랫동안 공을 들였기 때문에 가능한 것이다.

부모의 생존 여부와 상관없이, 또는 아버지나 어머니가 치매에 걸려 요양원에 계시거나, 병들어 침대에 누워 있는 것과 상관없이 그들의 지난 삶을 존중하고 경의를 표하자. 이를 통해 부모와 자기 자신에게 선물을 줄 수 있다. 그분들 역시 당신과 마찬가지로 최선을 다했다. 그 이상은 할 수 없었던 것뿐이다.

이런 과정은 하루아침에 이뤄지는 게 아니다. 부모와 내면적으로 평화로운 관계를 맺으면서 한 단계 한 단계 밟아나가야만 얻을 수 있는 결과다. 아직까지 그렇게 하지 못했어도 자신을 용서하라. 하지만 언젠가 당신이 부모와 평화로운 관계를 맺게 된다면 그 즉시 치유가 시작되어 모든 삶의 영역과 감정에 상당한 도움이 될 것이다.

또라이 천사 ③
평생 함께할 라이벌,
형제자매

삶의 평화를 위해서는 내면의 불화를 이해하고, 자신과 다른
사람 사이의 갈등에 어떤 영향을 미치는지 살펴야 한다. 이때
어린 시절에 다른 아이들과, 특히 형제자매들과 어떤 관계를
맺었는지가 가장 중요하다. 왜 그럴까? 가장 본질적인 이유는
그들은 사랑을 두고 당신과 경쟁하던 관계였기 때문이다. 모
든 이가 가족 안에서, 나중에는 교실에서, 직장에서 자신의 자
리와 역할을 차지하기 위해 노력한다. 모든 이가 다른 사람에
게서 가능한 한 많은 것을 얻기 위해 행동했고, 지금도 그렇게
행동하고 있다.

●한 지붕 아래 밥그릇 쟁탈전

예나 지금이나 사랑은 인정, 존중, 관심 등으로 나타난다. 그리고 많은 사람들이 사랑 때문에 불안해하던 어린 시절의 기억을 간직하고 있다. 사랑이 충분치 않고 모자랄 수도 있다는 근심이 내면에 자리 잡고 있는 것이다. 다른 사람에 대한 시기, 질투, 따돌림, 분노의 이유가 여기에 있다. 하지만 형제자매 관계가 미치는 영향에 대해 알고 있는 사람은 거의 없다. 그럼, 당신 안에 깃든 화와 다른 사람들과 불화하는 원인을 파헤치는 데 도움이 될 여러 가지 질문을 살펴보자.

만약 당신에게 형제자매가 있다면 당신은 몇 번째로 태어났는가? 일반적으로 첫째 아이와 막내는 그 사이에 태어나 '샌드위치' 신세가 되는 중간 아이보다 더 안정적이고 확실한 지위를 차지한다. 중간에 낀 아이들은 자신의 자리를 찾아가는 것을 더 힘들어한다. 어딘가에 뿌리를 내리는 것을 힘들어하고 손위 형제나 손아래 형제 사이에서 긴장을 느낀다. 어떤 이들은 다른 형제 또는 자매와 한편이 되어 또 다른 형제자매, 부모를 공격한다. 그리고 어떤 사람들은 어렸을 때부터 동생들을 책임지며 계속 보살피느라 아이로서 마음껏 놀 수 있는 자유를 박탈당한다. 일찍부터 책임을 떠맡은 아이는 삶의 기뿜을 느끼지 못해 동생들에게 공격성을 보이기도 한다. 또 어떤 이들은 아프거나 장애가 있는 형제 또는 부모를 항상 배려하느라 관심을 못 받고 자라기도 한다. 앞에서 이미 언급했듯이 어느 날 갑자기 나타나서 모든 사람의 관심을 빼앗아간 동생에게 분노를 느끼기도 한다.

● 누구보다 내가 더 사랑받을 거야

어머니와 아버지의 관심을 끌기 위해 세웠던 당신만의 특별한 '전략'은 무엇이었는가? 얌전하게 말 잘 듣기, 뭐든 열심히 하기 또는 떼쓰기, 아픈 척하기? 아니면 한두 가지 전략을 섞어서 사용했는가? 형제자매 중에서 누가 부모의 사랑을 가장 많이 받았고, 부모는 누구를 눈에 띄게 편애했는가?

누가 당신보다 더 많은 칭찬을 받았는가? 당신은 주로 누구와 비교를 당했는가? 누가 당신보다 더 많이 사랑받았는가? 사고를 쳤을 때 누가 가장 많이 혼나고 벌을 받았는가? 만약 당신이 그랬다면 그런 부당한 대접을 받은 것에 대해 어떤 감정을 갖고 있는지 느껴보자.

이러한 경험들을 떠올려보면 어린 시절에 겪었던 일이 오늘날에도 유사하게 되풀이되고 있다는 사실을 금방 알 수 있다. 그 시절에 겪은 갈등이 당신의 연인, 아이들 그리고 직장 동료 사이에서 반복되는 것이다.

형제자매 사이에서 일어나는 갈등의 핵심은 바로 결핍에 대한 우려이다. 어린아이일 때 우리는 '부모가 우리에게 줄 수 있는 사랑은 한정되어 있어. 우리 모두에게 골고루 돌아갈 만큼 충분하지 않아. 저 사람 때문에 내 몫이 줄어들고 있어!'라고 생각한다. 어린 시절에 느낀 이러한 두려움은 직장에서의 갈등으로 이어진다.

자기 자신에게 이런 질문을 해보자. 주변에 있는 동료 중에서 누가 가장 못마땅한가? 누가 사장에게 가장 총애를 받고 있는가? 당신에게는 허용되지 않는 것이 누구에게는 허용되는가? 당신이 특별히 '불공평'하다고 생각하는 것은 무엇인가?

아버지와 어머니는 모든 아이들을 똑같이 사랑할 수 없다. 어떤 아이에게 더 마음이 가고 더 친밀하게 느껴지는 것을 그들도 어쩔 수 없다. 그리고 가족 구성원 모두가 그것을 느껴도 아무도 입 밖으로 꺼내지는 못한다. 이와 똑같은 상황이 오늘의 우리 직장과 사회 전반에서 일어난다. 난민들은 왜 그토록 많은 불안과 증오를 불러일으킬까? 그것은 형제자매에 대한 증오가 거울에 반사되는 것과 같다. 자원이 모두에게 충분히 돌아가지 않고 모자랄지도 모른다는 불안이 결합된 것이다.

● 어른이 되어도 계속 싸우는 이유

조금만 자세히 들여다보면 어린 시절에 맺은 형제자매 관계
가 지금까지도 서로의 관계에 영향을 미친다는 사실을 알 수
있다. 특히 상속 문제에서는 반드시 수십 년 동안 잠복되어 있
던 불화가 제 모습을 보인다. 그리고 가족 모임, 크리스마스,
생일 또는 장례식에서도 형제자매 사이에 흐르는 친밀함과
거리감, 우애와 냉전을 여실히 느낄 수 있다.

　나는 여기서 다시 한번 강조하고 싶다. 평화롭게 지내지 못
하는 형제자매가 있어도 그들을 '문제'로 바라보지 말라는 것
이다. 그들은 당신 안의 평화는 물론이고 당신 자신을 바라보
는 내면의 평화에 이를 수 있는 중요한 문이다. 불화는 불만을
낳고 이는 다시 또 다른 갈등과 결핍을 낳으며 결국에는 질병
을 유발한다. 당신의 이성은 아직 이를 믿지 못해도 마음은 알
고 있다. 당신의 형제자매는 당신보다 더 나쁘거나 더 착하지
도 않고, 당신보다 가치가 낮거나 높지도 않다. 그들이 당신을
어떻게 대했든, 지금 어떻게 대하든 상관없이 말이다. 누구나

자신에게 주어진 형제 서열에서 자신의 재능과 '핸디캡'을 가지고 있고, 그 속에서 자신의 길을 간 것이다. 그리고 모두 그렇게 해야 한다고 생각했을 뿐이다. 당신과 마찬가지로 모두 자신의 위치에서 최선을 다했고, 형제자매도 내면에 있는 예전의 어린 소년과 소녀에게 행동과 감정의 조종을 받았을 뿐이다.

해결되지 않은 어린 시절의 문제와 그들이 느낀 부당함, 상처, 상심과 고통은 나이가 든 당신의 형제자매 사이에 여전히 남아 있다. 이미 지나간 시절이라고 치부해버리지 마라. 당신 안의 아이는 여전히 행복해지기를 기다리고 있다. 오늘날의 관계를 통해 내면의 아이를 행복하게 만들 수 있다. 아이를 바라보고 얘기를 하고 감정을 느껴라. 당신이 어렸을 때 무엇을 가장 즐거워했는지 기억을 떠올려보고 지금 다시 즐겨보라.

또라이 천사 ④
애인 또는 배우자

사람들은 연인 관계 또는 부부 관계에서 가장 많이 상처받고 실망한다. 연인 또는 부부 관계에서 가장 많은 이해와 사랑을 원하기 때문에 어쩌면 당연한 일이다. 만약 마음의 준비 없이 순진한 생각으로 관계를 시작하면 결국 실망할 수밖에 없다. 사랑 그리고 연인 관계에 대한 우리의 생각은 착각, 다시 말해서 거짓으로 가득하기 때문이다.

사람들이 흔히 하는 착각은 이 여자가 또는 이 남자가 나를 행복하게 해줄 것이라는 희망이다. 냉정하게 들릴지 모르지만 당신을 행복하게 해줄 수 있는 사람은 단 한 사람밖에 없다. 바로 자기 자신이다. 하지만 대부분의 사람들은 이렇게 생각한다. '행복해지려면 애인이 필요해.' 당신이 이런 생각을 갖고 있는 한 당신의 애인은 당신을 실망시킬 수밖에 없다. 이 생각은 신체적, 정신적 안정과 생존을 위해서 실제로 자신을 돌봐줄 사람이 반드시 필요했던 당신 안에 있는 어린아이의 생각이다.

아이와 어른의 결정적인 차이는 더는 다른 사람이 '필요하지 않다'는 것을 배울 수 있다는 점이다. 우리는 자립할 수 있고, 아이였을 때 다른 사람이 해주던 모든 것을 이제는 자신이 직접 자신에게 선물할 수 있다. 이 사실은 흥미롭게도 우리가 맺고 있는 관계에서 실망감을 얻을 때마다 깨닫게 된다. 그렇기 때문에 이런 고통스러운 경험들은 큰 의미가 있으나, 많은 사람들이 오래도록 알아차리지 못하고 받아들이려고 하지 않는다.

● 나는 어떤 관계를 원하는가

만약 당신이 '애인이 필요하다'고 생각한다면, 당신이 끌어당기는 사람 역시 똑같은 생각을 가지고 있을 것이다. 그렇게 되면 '필요한 사람'은 또 다른 '필요한 사람'과 만나게 되어 두 사람은 사랑의 관계를 맺는 것이 아니라 필요에 따른 관계가 만들어지는 것이다. 이런 관계는 연애 초반이라 해도 금방 사랑이 식는다. 난로에 불을 붙일 때, 두꺼운 나무 장작 대신 작은 나뭇조각밖에 없으면 계속 불을 피울 수 없는 것처럼 사랑이 금방 꺼져버린다. 온라인 데이트 주선 업체에 올라온 교제 광고를 봐도 자신에게 필요한 부분을 채워줄 사람을 찾는 광고가 대부분이다.

세미나에 참석하는 일부 사람들은 내게 이런 질문을 한다.

"애인이 나를 행복하게 해주지도 못하면 왜 연인 관계를 맺나요?"

좋은 질문이다. 당신이라면 이 질문에 뭐라고 대답하겠는가? 당신은 앞으로 충만하고 행복한 연인 관계를 맺으며 살아가고 싶은가? 이 질문에 어떻게 대답하느냐에 따라 당신의 사랑과 행복이 결정될 것이다.

● 나는 당신의 이런 점이 화가 나

한 지붕 아래 또는 분리된 공간 안에서 연인 관계를 맺고 살아가고 있는가? 그렇다면 상대의 어떤 점이 이따금 신경에 거슬리고 짜증나는지, 당신을 흥분하게 만들고 불안하게 하는지, 슬프게 하거나 화가 나게 만드는지 오래 생각해볼 필요가 없을 것이다. 그래도 나는 당신에게 아주 상세하게 적어보라고 권하고 싶다. 그러면 두 가지 핵심 질문에 대한 대답이 분명해진다.

> **Q1** 상대방이 어떤 행동을 할 때, 어떤 행동을 하지 않을 때 화가 나는가?
>
> **Q2** 상대방이 나에게 불러일으키는 감정은 무엇인가?

두 개의 칸으로 된 목록을 만든 뒤 첫 번째 칸에는 당신이 좋아하지 않는 애인의 행동이나 특징을 적어보자. 그리고 두 번째 칸에는 그 행동과 특징 때문에 어떤 감정이 생기는지 적어보자. 예를 들어 화가 조금 나는 정도인지 아니면 분노, 무력감, 위축감, 수치심, 죄책감, 슬픔 또는 다른 감정들이 생기는지 살펴보자. 대부분의 경우 두 개의 감정, 때로는 세 개의 감정이 동시에 나타난다.

당신의 전 애인들을 대상으로도 똑같이 해보기를 바란다. 특히 아직 내면적으로 그들과 해결하지 못한 문제가 남아 있다고 느낀다면 말이다.

● 당신, 나를 사랑하기는 해?

내가 개최하는 세미나에 참석하는 이들이 가장 흔히 하는 비난이나 원망을 한번 살펴보자. 많은 여자들은 남자들에 대해 이렇게 생각하거나 말한다.

"나의 애인(나의 남편)은 나와 함께하는 시간이 거의 없어요. 집에 늦게 들어오는 경우가 많아요. 내가 어떻게 지내는지, 온종일 무엇을 했는지 별로 관심이 없어요. 내 말에 귀를 기울여주지 않아요. 나를 이해하려고도 하지 않아요. 감정 표현도 안 하고 무슨 생각을 하는지도 말하지 않아요. 많은 것을 혼자 결정하고 술을 너무 자주 마셔요. 집안일에는 거의 관심이 없어요. 저 혼자 모든 것을 외롭게 떠맡고 있는 느낌이에요. 가족보다는 회사 일이나 단체 활동에 더 관심이 많아요."

많은 여성들이 이런 비난이나 '불평'에 공감할 것이다. 그런데 그 뒤에 숨은 요구는 이런 것이다.

"그 사람이 변해야 해. 그 사람이 달라지거나 다르게 행동해야 해. 그러면 내가 훨씬 더 잘 지낼 수 있어. 내 감정을 더

헤아려주고 사랑스럽고, 부드럽고, 솔직하게 나를 대해야 해. 나를 더 잘 이해해줘야 하고 자기 일이나 스포츠에 대해 그만 생각해야 해. 집에 더 많이 있어야 해. 나에게 가끔 깜짝 선물을 해주거나 먼저 주도해서 어떤 일을 추진하고, 우리의 결혼 기념일을 잊지 않고, 내 부담을 덜어주고 내가 얼마나 소중한 사람인지 말해주고 나를 정말 좋아한다는 것을 보여줘야 해."

그렇지만 우리는 상대방을 변화시키는 것이 얼마나 힘든지 이미 알고 있다. 설령 어떤 사람을 변화시키는 데 성공했거나 그가 정말로 '열심히 노력'하고, 심지어 새로운 것에 마음의 문을 열었다고 해도 마음에 들지 않는 점을 계속해서 발견하게 될 것이다. 만약 당신이 아마존에서 '완벽한' 남자를 주문하거나 그런 남자를 직접 만들어낼 수 있다면 좋겠지만 불가능하지 않은가?

여자들은 상대방을 변화시키기 위해 굉장히 많은 시간을 들인다. 물론 여자를 변화시키고 싶어 하며 에너지를 소모하는 남자들도 있지만 그래도 단연 여자들이 많다. 그리고 남자들은 흔히 다음과 같은 고충을 토로한다.

"아내는 나를 한시도 가만히 내버려두지 않아요. 항상 내게 뭔가를 원해요. 내가 어떻게 해도 늘 못마땅한 것 같아요. 아내는 섹스를 하려고 하지 않아요. 아내와 이성적인 대화를 나눌 수가 없어요. 내 말을 들으려고 하지 않아요. 금방 흥분하면서 감정적으로 돌변해요. 모든 것을 벅차해요. 항상 아내에게 감시받는 느낌이 들어요. 집에서 대장 노릇을 하면서 내가 해야 할 일을 지시해요. 나보다 아이를 더 중요하게 생각해요. 아이가 태어난 이후로 엄마의 역할만 하려고 하고 더는 나의 아내 같은 느낌이 들지 않아요. 내가 어쩌다가 혼자서 뭔가를 하려고 하면 금방 난리가 나요. 그러면서 자신을 아직 사랑하는지 묻곤 해요."

● 두 사람 사이에는 항상 두 사람이 더 있다

두 사람이 서로 사랑에 빠져 사귈 때, 이 관계에는 어른 두 명뿐만 아니라 어린아이 두 명도 함께한다. 이는 이성애 관계에서뿐만 아니라 동성애 관계에서도 마찬가지다. 남자와 여자만 만나는 것이 아니라 여자 안에 있는 소녀와 남자 안에 있는 소년이 같이 만나는 것이다. 그렇지만 이 두 아이들은 그들의 '어른'들로부터 관심을 받지 못하고 사랑을 받지 못한다고 느낀다. 우리는 어린 시절을 다 지나간 과거라고 생각하지만 그렇지 않다. 우리의 어린 시절은 우리 몸 안에서 계속 존재한다. 이 아이는 소망과 욕구, 희망 등을 가지고 있고 자신의 경험을 바탕으로 불안, 상처, 실망 등을 내면에 간직하고 있다.

관심을 받고 싶어 하고 사랑을 갈구하는 것은 바로 우리 안에 있는 그 아이다. 하지만 어른들은 그 아이의 상태가 우리에게 달렸다는 사실을 깨닫지 못하며, 이런 사랑에 대한 갈망을 애인에게 전가한다. 그래서 대부분 상대에게 뭔가를 원한다. 관계는 항상 '주고받는' 것이라고 설명하면 대부분의 사람들은 고개를 끄덕이며 동의한다. 하지만 우리가 이런 생각을 갖고 있는 한 연인 관계는 일종의 거래 관계가 된다. '네가 나한테 이것을 주면 나는 너한테 이것을 줄게.'

이런 대부분의 무의식적인 합의는 완전히 정상적이며 비난할 일이 아니다. 하지만 상대방에게 항상 주고받은 것을 따지고 손익계산을 하는 것은 사랑과는 관계가 없다. 사랑은 기쁜 마음으로 주는 것이며, 상대방에게 다시 돌려받기를 요구하지 않는다. 그러니 다른 사람에게 기대하는 것을 자기 자신에게 선물하는 방법을 배우지 못하면 짜증, 분노, 실망이 겉으로 드러날 수밖에 없다. 우리 안에 있는 어린아이를 인식하지 못하고 그 아이를 잘 돌보지 않으면, 우리는 상대방의 내면에 들어 있는 아이도 감지하지 못한다. 그래서 상대방이 우리를 실망시키거나 상처를 주면 우리 안에 있는 아이가 우리의 행동과 말을 지배하게 된다. 당신의 애인 또는 전 애인과 마지막으로 다투었을 때를 떠올려보자. 어른 두 명이 나눈 성숙한 대화였는가, 아니면 아이 두 명이 벌인 유치한 싸움이었는가?

● 우리는 더 좋은 연인이 될 수 있었다

사랑으로 가득한 연인 관계의 핵심은 따로 있다. 연인 관계의 원초적 에너지는 상대방을 귀하게 여겨 가치를 높여주는 것이다. 금테두리가 다이아몬드의 가치를 높여주고 다이아몬드가 금테두리의 가치를 높여주는 것처럼 말이다.

애인과 헤어진 다음, 버림받았다는 생각이 들면 우리는 원망, 분노, 수치심 등의 감정을 느끼게 된다. 사랑하던 이가 우리를 더는 사랑하지 않고, 더는 함께 있고 싶어 하지 않을 때 특히 마음이 아프다. 부부 생활 20년 만에 애정이 식든, 설렘이 채 가시지도 않은 몇 달 만에 애정이 식든 마찬가지다. 그런 일이 일어났을 때 당신은 어떻게 했는가? 그냥 빨리 없었던 일로 치부하거나 오랫동안 애인에게 화를 냈는가? 아니면 또다시 특별한 사랑이라 착각하고 기대한 자신에게 화가 났는가?

지금 이 순간 그 사람과 그 사람이 한 행동을 다시 떠올렸을 때, 어떤 기분이 드는가? 당신이 그 사람과 함께한 시간을 평온하게 되돌아볼 수 있는지, 아니면 버림받은 상처가 아직 아물지 않고 여전히 아픈지 곧장 느낄 수 있다. 과거의 상처, 특히 버림받은 상처는 치유되기를 기다리고 있다. 하지만 이 상처는 시간이 흐른다고 치유되지 않는다. 시간은 생각을 억압하는 데에만 도움이 될 뿐이다. 우리 안의 상처를 치유하고 반복되는 상처의 연결고리를 끊으려면 자기 자신 그리고 과거와 평온하게 지내는 수밖에 없다.

물론 다르게 생각할 수도 있다. 그 사람을 만난 것은 단지 실수였고 자신에게 맞는 제대로 된 짝을 찾거나 지금까지 만난 사람들보다 '더 나은' 사람, 상처를 주거나 버리지 않을 누군가를 다시 만날 수 있다고 생각할 수 있다. 또는 일부 사람들이 말하듯이 "이제 정말 남자라면/여자라면 지긋지긋해. 결국은 다 떠나버린다니까. 사랑을 하면 항상 나만 상처를 받아"라고 말할 수도 있다.

앞으로 사람을 만날 때 더 신중해야겠다고 결심하거나, 애인과 너무 가까워지지 않고 일정한 거리를 두려고 할 수 있다. 관계가 너무 힘들어지거나 그에게 종속되었다고 느끼기 전에 얼른 다시 물러설 수 있도록 말이다. 우리가 자기 자신을 상처받지 않도록 보호할 수 있다면 정말 멋진 일이 아닐까? 하지만 이는 애인과 함께 성장할 수 있는 길을 스스로 막아버리는 것이다.

● 명예의 전당? 치욕의 전당!

우선 우리가 한때 가깝다고 느꼈거나 사랑했던 관계들을 떠올려보자. 아주 커다란 방에 당신만의 '명예의 전당'이 마련되었다고 상상해보자. 그곳은 마치 커다란 미술관처럼 당신이 만난 모든 남자 또는 여자들의 커다란 초상화 또는 조각상이 전시되어 있다. 이제 당신이 초상화 또는 조각상 앞에 섰다고 상상하며, 지금 이 순간 그 남자 또는 그 여자에 대해 어떤 감정이 드는지 느껴보자.

"당신과 함께한 시간들은 전부 소중했어. 정말 고마워"라고 생각하는 사람은 몇 명이나 되는가? 그리고 "너는 나에게 천사였고 나는 너와 함께한 시간들을 되돌아보는 게 좋아"라는 생각이 드는 사람은? 또 "너는 예나 지금이나 나한테 '개자식'이야. 네 생각을 하면 여전히 화가 나고 치가 떨려. 너는 나한테 엄청난 상처를 줬어"라는 생각이 드는 사람은?

이런 명예의 전당은 실제로 존재한다. 바로 당신의 내면에 말이다. 지금까지는 많은 사람들에게 오히려 '치욕의 전당'이 었을 것이다. 그곳에는 그 사람과 함께한 경험뿐 아니라 수치심과 분노가 쌓여 있기 때문이다.

나중에 조금 더 자세히 들여다보면 이 전당 외에 또 다른 전당의 존재도 발견하게 될 것이다. 그리고 그 안에는 당신이 오늘 평화롭게 지냈거나 불화를 겪었던 또 다른 사람들이 모여 있다. 당신의 인생길에서 마주쳤거나 한동안 당신과 함께 인생길을 걸었던 모든 사람이 그곳에 있다. 당신이 그 사람들 그리고 당신 자신과 어떤 관계를 맺었는지에 따라 그들은 '인생의 천사' 또는 '다시 떠올리고 싶지 않은 사람'이 될 수 있다.

● 상처만 남는 사랑은 이제 그만

당신이 만난 모든 사람들은 당신이 반드시 만나야 했던 사람들이다. 그리고 그 모든 만남과 관계는 그냥 우연히 일어난 게 아니다. 모두가 당신에게 중요한 사람들이다. 이런 생각을 당신은 받아들일 수 있는가?

만약 당신이 여전히 토라졌거나 상처를 받았다고 느낀다

면, 그들이 건네준 중요한 선물을 당신이 아직 뜯어보지 않은 것이다. 그리고 그 관계의 메시지와 의미를 아직 알아차리지 못한 것이다. 당신은 이제 '평화'를 찾거나 '불화'를 계속 유지하거나 둘 중 하나를 선택할 수 있다. 당신은 지금 이 순간 무엇을 선택하겠는가?

의식하지 못했을지도 모르지만 어쨌든 당신이 예전에 애인에게 걸었던 기대와 소망을 떠올려보자. 혹시 다음과 같은 생각들이었는가?

"그 사람은 나를 사랑해야 해/나에게 충실해야 해/나를 행복하게 만들어야 해/나를 있는 그대로 받아들여야 해/나를 떠나지 말고 곁에 머물러야 해."

그리고 그 뒤에 혹시 이런 기대와 불안한 생각들이 깃들어 있지 않았는가? '제발 이번에는 제대로 맞는 짝이어야 할 텐데', '제발 나를 떠나지 않고 내 곁에 있어야 할 텐데' 같은 생각을 하지는 않았는가?

그런데 당신의 기대와 희망에도 그는 떠나버리고 말았다. 혹시 당신의 생각과 불안 때문에 그런 일이 일어난 것은 아닐까? 나는 기대와 불안에 사로잡힌 희망은 번번이 실망으로 끝날 수밖에 없다고 확신한다. 애인과 사랑을 할 때 기대는 독이다. 우리는 우리 안의 불안을 통해 그와 똑같은 불안을 끌어당기고 다시 만들어낸다. 우리 스스로 이런 불안을 버리지 않으면 자기상처럼 계속 같은 감정을 끌어당기게 된다.

실망하고 버림받아 지금까지도 고통이 남아 있다면, 이제 당신을 실망할 수밖에 없게 만든 진짜 이유를 알아차려야 한다. 당신의 생각, 기대, 희망과 불안을 자세히 들여다보면 그 고통스러운 경험들을 스스로 만들어냈다는 것을 이해하게 된다. 그 사실을 이해하면 앞으로는 그런 일이 반복되지 않을 것이다.

이제 당신이 버림받고 상처받는 관계만 반복한 이유를 알아볼 마음의 준비가 되었는가? 마음에 귀를 기울이고 지금까지 외면하거나 알아차리지 못했던 새로운 생각과 진실을 알아보고 싶은 호기심이 있는가? 그럴 마음이 열려 있는가? 나는 당신이 자신의 인생을 다시 살펴보면서 '잘못된 짝'이 아니라 제대로 된 애인이 항상 곁에 있었다는 사실을 깨닫기 바란다.

또라이 천사 ⑤
헤어진 애인 또는 배우자

당신이 여자라면 가장 먼저 다음과 같은 질문을 해보고 싶다. 어린 시절에 당신의 아버지는 어떤 분이었는가? 그리고 인생의 첫 남자인 아버지에 대해서 어떤 생각과 감정을 느꼈는가? 당신이 남자를 선택하고 그와 관계를 형성할 때 어린아이였던 당신과 아버지 사이의 관계는 매우 큰 영향을 미친다. 이제 당신도 분명하게 알 것이다. 반대로 남자에게는 어린 시절 어머니와 어떤 내면적 관계를 맺었는지가 훗날 여자와 관계를 맺을 때 큰 영향을 미친다.

일단 여자들의 경우부터 살펴보자. 당신의 아버지는 부재

중인 경우가 많았는가? 당신이 성인이 되기 전에 아버지가 가족을 버렸거나 사망했는가? 그렇다면 당신은 집에 자주 없거나 당신을 언젠가 떠날 남자들을 끌어당겼을 가능성이 높다. 만약 그렇지 않다면 이런 질문을 해보자.

Q 만약 지금의 애인/배우자가 나를 떠난다면 어떻게 될까?

이런 생각을 하면 어떤 생각이 들고 어떤 감정이 강하게 올라오는지 느껴보자. 버림받는 경험을 다시 하고 싶지 않다면, 당신 안에 있는 어린아이와 아버지의 관계를 서서히 해결해야 한다. 만약 당신의 아버지가 집을 자주 비우고 정서적으로 부재중이었거나 사망 또는 이혼 때문에 가족을 일찍 떠났다면 그것은 아이에게 상당히 고통스러운 일이었을 것이다. 아버지, 즉 인생의 첫 남자로부터 버림받았다는 기분을 느꼈을 것이다.

아이들은 이런 아픔에 당당히 맞서거나 제대로 극복할 수 없다. 아이는 아픔을 억압하고 억제할 뿐이다. 성인이 되어 애인이 떠난 경험을 한 후에야 예전에 아버지를 상실했던 경험을 극복하고 상처를 치유할 수 있는 가능성을 얻게 된다.

● 자꾸 부모와 애인을 비교한다면?

여자나 남자나 이렇게 버림받은 상처를 의식해야 한다. 한 명 또는 여러 명의 애인이 떠나버린 경험이 있으면 더욱 잘 의식할 수 있다. 너무 고통스러워서 '절대로 다시는' 겪고 싶지 않은 일이 한 번 또는 여러 번 일어나야만 우리가 여기에 창조한 부분이 있다는 사실을 깨닫고 버림받은 상처를 치유할 수 있다. 만약 여자인 당신이 '남자들은 도무지 믿을 수 없는 존재야!'라고 생각한다면, 남자들이 당신 곁에 오래 머물지 않을 가능성이 크다.

또한 딸과 아버지 또는 아들과 어머니의 관계가 유달리 친밀한 경우에도 애인들이 곁을 자주 떠나거나 이성에게 매력적으로 보이지 않는다. 어린 시절의 공주님이 여전히 아버지와 끈끈한 관계를 맺고 있고, 어린 시절의 왕자님이 어머니와 끈끈한 관계를 맺고 있어 끼어들 틈이 없기 때문이다. 그때 그 아이는 아버지 또는 어머니를 절대로 떠나지 않거나 언제까지나 충실하겠다고 맹세했다. 그래서 성인이 된 그 아이는 다른 사람과 깊은 관계를 맺는 것은 부모에 대한 변절이자 배신으로 여긴다. 이러한 맹세는 수십 년이 지난 후에도 힘을 잃지 않았고, 우리가 의식적으로 부모와 얽혀 있는 관계에서 벗어나지 않는 한 우리의 행동을 계속해서 조종한다.

이는 예전에 '멋진 아빠'와 '슈퍼맘인 엄마'를 대단히 우러러보고 존경했던 사람들에게도 해당된다. 이제는 그곳에서 내려와 눈높이를 맞춰야 한다. 그렇지 않으면 당시의 아버지나 어머니와 견줄 만한 애인을 절대로 찾을 수 없기 때문이다. 마음속으로 애인을 항상 어머니 또는 아버지와 비교하면 애인은 언제나 질 수밖에 없다. 상대도 이것을 느낀다.

● 나부터 나에게 충실하지 못했다

어떤 사람이 우리 곁을 떠나거나 거짓말을 해서 우리가 실망했을 때, 어두운 마음과 무의식에 불을 밝혀줄 가장 중요한 질문은 다음과 같다.

> **Q** 나는 어떤 부분에서 나 자신에게 충실하지 못한가? 원하지 않으면서도 하고 있는 것은 무엇인가?

우리 중에서 어린 시절이나 청소년 시절에 이런 얘기를 들은 사람은 거의 없을 것이다.

"애야, 항상 네 마음이나 내면의 목소리에 귀를 기울이렴. 그러면 너에게 무엇이 맞고, 무엇이 맞지 않은지, 무엇을 좋아하지 않는지 느낄 수 있단다. 자기 자신에게 충실해야 해!"

우리의 부모나 어른들은 행복과는 거리가 멀어 보였고, 그분들 역시 자신의 부모에게 행복해지는 방법에 대해 아무런 교육을 받지 못했다. 당신의 어머니와 아버지를 떠올려보자. 그들은 자신의 삶을 만끽하며 자신을 돌보고, 함께 자주 웃었는가? 아니면 어쩔 수 없이 타협하면서 자신을 희생하고 감정을 억누르며 원치 않는 삶을 살았는가?

그리고 만약 당신이 부모와 '완전히 다른 삶'을 살겠다고 결심하고 그들처럼 되지 않겠다고 굳게 마음을 먹었다고 해도 가슴에 손을 얹고 생각해보자. 당신의 모습에서 최소한 한 가지라도 부모와 닮은 점이 있지 않은가? 3분 동안 거울을 통해 당신의 눈을 가만히 들여다보고 자기 자신에게 솔직하게 말해보자. 당신의 눈에는 삶의 기쁨과 열정이 깃들어 있는가? 자기 자신을 사랑하고 인생을 즐기는 행복한 사람의 눈인가?

● 이별 후 다친 마음을 치유하는 법

우리는 누구나 심장을 가지고 있고, 이 심장은 행복한 삶으로 가는 길을 정확히 알기 때문에 내비게이션과 같은 역할을 한다. 하지만 대부분의 사람들은 자신의 심장에 귀를 기울이기보다 진실이 아닌 무의식적인 생각과 확신에 귀를 기울인다. 예를 들면 다음과 같은 것들이다.

'나는 다른 사람의 사랑이 필요해. 나를 사랑해주는 사람 없이는 행복할 수 없어. 나에게 맞는 남자/여자가 나를 행복하게 해줄 수 있어. 나 혼자서는 행복해질 수 없어. 나는 애인이 필요해. 그 사람이 나의 가장 중요한 욕구를 채워주고 나의 소망을 실현시켜줄 수 있어.'

이 생각들은 오히려 연인 관계에서 고통과 실망만 안겨주고 결국 이별까지 하게 만들 뿐이다. 어떤 사람도, 제아무리 꿈속에서 그리던 이상적인 애인이라고 해도 지금까지 자기 자신도 주지 못했던 것을 우리에게 줄 수 없다. 사랑, 시간, 주의, 관심, 애정, 이해, 공감, 인내, 용서 등과 같은 선물 말이다. 그리고 만약 애인이 우리에게 이런 것을 진짜로 준다고 해도 우리는 이 선물을 받아들이지 못하는 경우가 많다. 우리의 마음 깊은 곳에서는 자신이 이런 것을 받을 만한 가치가 없거나 그렇게 많은 사랑을 받을 만한 자격이 없다고 생각하기 때문이다.

자신의 마음에 충실하지 않고 마음의 목소리에 귀를 기울이지 않는 것은, 우리에게 충실하지 말라고 다른 사람들에게 요구하는 것이나 다름없다. 자신을 사랑하지 않고 높이 평가하지 않는 사람은 애인에게 이런 신호를 보내게 된다. '나는 사랑받을 만한 가치가 없어. 당신은 나를 사랑하지 않는 게 좋아. 나도 날 사랑하지 않으니까!'

또한 마음에서 '아니야. 저 사람은 틀렸어!'라는 신호를 보내는데도 수많은 사람들이 그 신호를 무시하며 끌려다닌다. 우리는 왜 이렇게 이상한 행동을 하는 것일까? 거부당할지도 모른다는 두려움, 싸움이나 대립에 대한 두려움, 가정의 평화를 위해서, 상대가 떠날지도 모른다는 두려움 때문일 것이다.

따라서 버림받았다는 상처는 자기 자신을 온전히 사랑하고, 자기 자신과 평온하게 지내며 자신을 신뢰할 수 있을 때 비로소 치유될 수 있다. 그래야만 버림받는 것이 끝난다. 또는 애인과 갈라서게 되더라도 더는 고통스럽지 않다. '이렇게 하는 것이 두 사람 모두에게 좋은 일이야. 나는 네가 새로운 길을 가고, 나는 나의 인생의 새로운 장을 시작하는 것이 기뻐'라고 느끼기 때문이다.

● 더 이상 사랑을 구걸하지 마라

당신이 어떤 사람들과 두 달을 함께했든, 7년을 함께했든 아니면 20년을 함께했든 상관없다. 모두가 당신 삶의 일부분이고 모든 관계는 나름대로 가치와 의미, 정당성을 가지고 있다. 그런 가치를 당신과 당신의 인생을 위해서 알아차리고 인정하는 것은 당신에게 달렸다. 아직 인정하지 못한다고 해도 당신을 원망할 필요는 없다. 당신이 한 경험을 인정하고 존중하고 평온해지겠다고 결심하면, 언젠가는 그렇게 할 수 있게 될 것이다.

당신의 전 애인이 지금 어떻게 행동하든지, 여전히 당신에게 화를 내든, 격렬한 이별 전쟁을 치르고 있든, 당신의 내면에서 그와 평화를 만들어가는 일은 당신에게 달려 있다. 그러기 위해서 반드시 그 사람과 만나야 하는 것은 아니다. 전쟁에는 항상 두 사람이 있어야 하지만, 당신은 혼자서도 그와 평화를 맺을 수 있다. 누가 먼저 관계를 끝냈는지 여부와 상관없이 상대의 태도에 종속되지 마라. 누가 먼저 관계를 끝냈는지는 전혀 중요하지 않다.

이렇게 얽혀 있는 관계는 당신의 자유를 억압한다. 당신이 전 애인과 이런 내면적인 관계를 해결하지 못하면 당신은 이와 비슷한 경험을 반복할 애인을 다시 만날 가능성이 높다. 이제 지긋지긋하지 않은가?

또라이 천사 ⑥
악마 같은 천사들,
자녀

우리와 가장 가깝고 우리가 가장 사랑하는 사람들이 이상하
게도 우리의 신경을 가장 많이 건드리고 화나게 만든다. 마음
같아서는 가끔 달나라로 보내버리고 싶다는 생각이 들기도
한다. 특히 아이들이 그렇다. 100년 전보다 한 가정 내 자녀의
수가 현저히 줄었는데도 예전보다 훨씬 더 키우기 힘들다고
토로하는 부모가 많다. 또한 아이들이 날이 갈수록 부모들을
더 도발하는 것 같기도 하다. 만약 당신에게 아이가 없다면 이
장을 가볍게 읽어도 되지만, 이 장을 통해 당신의 어린 시절에
대해 많은 것을 알 수 있을 것이다.

● 악마 같은 우리 천사들

부모들이 자녀들에 대해 흔히 털어놓는 불만부터 보자.

"우리 아들은 도무지 내 말을 안 들어요. 자기 마음대로 하려고 한다니까요. 수백 번 말해도 소용없어요. '알았어요'라고 대답만 하지 절대 하는 법이 없어요."

"우리 딸은 정말 정리 정돈을 못해요. 엉망이에요. 딸아이 방에 들어가 보면 정말 끔찍해요."

"우리 아들이 조금만 더 열심히 했으면 좋겠는데 너무 게을러요. 욕심이라고는 전혀 없고 하루 반나절을 컴퓨터 앞에만 앉아 있어요."

"우리 딸은 꼭 싸움닭 같아요. 어찌나 공격적인지 정말 미치겠어요."

두 명 이상의 자녀를 둔 부모는 종종 이런 말을 한다. "한 아이는 착해서 키우기가 수월한데, 한 아이는 자꾸만 화나게 만들어요!" 부모들은 화가 날 때면 아이들이 마치 악마 같다고 생각하기도 한다. 그러나 당신이 모르는 사실이 있다. 바로 그 아이들은 태어나기 전부터 당신을 부모로 선택했다는 사실이다. 특별한 과제를 가지고 당신을 찾아온 것이다. 당신이 이를 믿지 않아도 상관없지만 우리들은 절대 '잘못된' 아이들을 갖고 있지 않다. 아이들이 당신을 선택해서 찾아온 이유는 당신과 힘께 아름다운 경험뿐 아니라 벅차고 힘든 경험도 함께하기 위해서이다. 그리고 아이들이 아니었다면 깨닫지 못했을 것을 당신에게 알려주기 위해 당신에게 온 것이다.

● 아이들은 가장 좋은 거울이다

아이들은 우리의 내면을 들여다볼 수 있는 가장 좋은 '거울'이며 지금까지 우리의 내면에서 눈 감고 거부했던 것을 매일 보여준다. 아이들은 우리 삶에 기쁨을 주기 위해 온 천사들이지만 키우기 쉬운 존재들은 아니다. 또한 우리의 기대를 충족시켜주기 위해 온 것도 아니다. 아이들은 우리가 발전하도록 가장 많이 도와주는 존재다. 우리에게 자극을 주어 낡고 한정된 사고와 행동의 패턴에서 벗어나게 만든다.

　많은 부모들이 조용히 쉬고 싶어 한다. 부모들은 직장에서 그리고 배우자에게 이미 충분히 많은 스트레스를 받고 있다. 하지만 대부분의 아이들은 당신이 조용히 쉴 수 있게 내버려두지 않으며, 말을 잘 듣고 부지런하고 착했으면 하는 바람을 잘 들어주지 않는다. 이유가 뭘까?

첫째, 아이들은 부모의 바람대로 할 이유가 없다. 둘째, 아이들은 달리 어떻게 할 수가 없다. 지금처럼 그렇게 행동할 수밖에 없는 것이다. 셋째, 아이들은 어머니 또는 아버지인 당신을 '위해서' 그렇게 하는 것이다. 특히 부모 중에서 더 많이 흥분하는 사람을 위해서 말이다.

이런 생각을 그냥 말도 안 되는 소리로 치부해버리지 않기를 바란다. 당신이 아이를 사랑하고 당신 자신과 아이를 위해서 정말 뭔가를 하고 싶다면, 아이를 진심으로 이해하고 싶다면 내 말에 귀를 기울여주기를 바란다. 책을 던지는 건 읽고 나서도 얼마든지 가능하다.

● 우리 아이는 정리 정돈을 안 해요!

이 말은 아버지들보다는 어머니들의 입에서 흔히 나오는 말이다. 아무래도 남자보다 여자들이 집 안을 정리 정돈하고 깨끗하게 치우는 데 책임감을 느끼고, 남자들은 때로 '금방 다시 어질러지는데 왜 치워야 하지?'라는 의문이 들기 때문이다. 그리고 남자들은 집 안을 깨끗하게 정리하는 데 책임감을 덜 느낄 뿐만 아니라 아이들과 마찬가지로 집 안을 어질러놓는다. 여자들은 흔히 "우리 남편은 항상 양말을 아무 데나 벗어 놔요", "세면대에 떨어진 머리카락을 치우지 않아요", "화장실을 더럽게 써요" 등과 같은 불만을 토로한다. 남자와 아이들은 같은 처지이며 여자에게 지속적으로 흥분할 거리를 주는 원인 제공자들이다. 자신 역시 어떻게 매번 똑같은 일에 똑같이 흥분할 수 있는지 믿기지 않을 정도다. 어린 시절에 당신의 어머니가 무슨 일 때문에 번번이 흥분하며 잔소리를 했는지 기억나는가? 대개 비슷한 일들 아니었는가?

정리 정돈과 청결에 대한 생각을 한번 살펴보자. 정리 정돈을 못하는 사람을 보면 쉽게 화가 나거나 '정리벽'이 있다는 말을 들어본 사람이라면 다음 질문에 대답을 해보자.

Q1 나는 정리 정돈을 잘하는 사람인가? 나는 깨끗하고 정리된 환경에 많은 가치를 두는 사람인가?

당신이 큰 소리로 "네, 물론이죠!"라고 대답했다고 해도 이 질문에 대답해보자.

Q2 내가 정리 정돈을 못하고 어질러도 괜찮은가?

어떤 사람들은 "하지만 저는 지저분하지 않아요"라고 대답할 것이고, 또 어떤 사람들은 분명하게 "아뇨!"라고 대답할 것이다. 그리고 특히 자신이 질서정연하기만 하다고 믿는 사람들에게 다음 질문을 하고 싶다.

> **Q3** 당신의 모든 곳이 항상 잘 정리 정돈되어 있다고 확신하는가? 서랍, 세금 관련 서류, 인간관계까지 그렇다고 확신할 수 있는가? 당신의 내면, 생각, 감정과 몸은 정말 질서정연한가?

우리가 한쪽으로 치우쳐 편협하게 생각할수록, 오직 한쪽만을 원하고 다른 한쪽을 배척할수록 우리 안에는 더 많은 부조화가 생겨난다. 이는 곧 우리가 맺고 있는 관계에도 영향을 미친다. 당신이 '오직' 청결과 질서정연함을 원한다면, 이는 당신 내면의 불균형과 한 면만을 추구하는 일면성 때문이다. 그리고 그런 내면과 정반대로 주위 사람들에게 균형을 맞추라고 요구하는 셈이다. 오직 질서정연하기만 한 사람은 아무도 없으며 더구나 완벽한 사람은 없기 때문이다. 항상 강하기만 하고 절대 약하지 않은 사람은 없으며, 항상 부지런하기만 하고 한순간도 게으르지 않은 사람도 없다. 또한 항상 정직하기만 하고 부정직한 면이 없는 사람은 없다. 당신이 이를 받아들일 수 있느냐, 없느냐와는 상관없다. 우리는 항상 두 가지 면을 다 가지고 있는데, 한쪽 면을 거부하면서 인위적인 모습을 이상향으로 삼는다. 그러면서 자신이 이상향에 부응하지 못하고 '완벽'하지 못한 모습에 자책하곤 한다. 그리고 우리는 솔직하게 자신의 내면을 들여다보고 자신을 뒤돌아보는 대신에 다른 사람들을 바라보면서 자신과 너무 다르거나 너무 '끔찍하게' 행동한다며 흥분하고 비난한다.

● 모두가 한마음 한뜻으로 살 수 없다

모든 가족 관계와 모든 연인 관계는 항상 균형과 조화를 추구하는 에너지 시스템이다. 이 에너지 시스템의 모든 구성원은 다른 구성원에게 영향을 미친다. 그리고 내면이 매우 불균형하고 자신이 가지고 있는 어떤 면을 거부하면서 다른 어떤 면을 극단적으로 추구하면, 다른 사람이 이런 불균형을 또 다른 극단적인 태도를 통해 해소해서 균형을 맞추려고 한다.

　가족 구성원인 아이들은 이런 시스템의 일원이며 자유롭게 탈퇴할 수 없다. 다섯 살이나 열 살쯤 된 아이가 "그동안 즐거웠어요. 이제 그만 이 집에서 나갈게요"라고 말할 수 없다. 그리고 나중에 성인이 되어 '나는 이제 자유고 나만의 길을 갈 거야'라고 생각하고 실천에 옮긴다고 해도 여전히 가족 시스템의 일원으로 남아 있게 된다.

우리가 아이들에게 가장 많이 하는 기대 중 하나는 다음과 같다. '아이는 당연히 내 말을 듣고 내 말을 잘 따라야 해! 아이는 당연히 내가 옳고 중요하다고 생각하는 대로 해야 해!' 그렇지만 이 생각은 옳지 않다. 그렇기에 당신이 이런 착각에서 빠져나와 진실을 발견할 수 있도록 당신의 기대를 저버리고 환상을 깨주는 사람이 인생에 나타나는 것이다. 이 주장을 애써 믿을 필요는 없다. 당신 몸을 통해서 진실이 무엇인지 확인할 수 있다.

첫 번째 문장부터 한번 살펴보자.

문장1 우리 아이는 당연히 내 말에 더 귀 기울이고 잘 따라야 해요!

약 30초 동안 눈을 감고 이 문장을 두세 번 정도 크게 말해보자. 그러면서 동시에 당신의 몸이 이 문장에 어떻게 반응하는지 느껴보자. 낯간지럽다고 이 과정을 그냥 넘어가지 말자. 당신에게 굉장히 귀하고 값진 과정이 될 것이기 때문이다.

'당연히 …… 해야 한다' 또는 '당연히 …… 하지 말아야 한다'는 말이 포함된 문장을 말할 때마다 몸이 움찔하고 묵직해지거나 긴장, 분노, 무력감, 슬픔 등의 불편한 감정이 올라오는 것을 느낄 것이다. 이런 부정적인 반응들은 당신의 생각이 사실이 아니라는 것을 보여준다. 이제 다음 문장을 말해보자.

> **문장2** 나는 내 마음의 소리에 좀 더 귀를 기울이고 내 마음의 소리를 따라도 된다.

이 문장을 30초 정도 되새기면 어떤 느낌이 드는가? 우리 모두는 어렸을 때부터 다른 사람들의 기대를 잘 충족시켜야 한다고 배웠다. 반면에 자기 마음의 소리에 귀를 기울이고 다른 사람의 생각과 상관없이 오직 자신의 길을 가라는 가르침은 받은 적이 거의 없다. 그 결과 대부분 성인이 되어서도 끊임없이 자신의 마음을 배신하고 다른 사람들의 사랑을 받거나 적어도 호감을 얻기 위해서 다른 사람들이 원하는 대로 살아간다.

만약 당신이 '우리 아이 또는 남편은 당연히 내 말을 더 잘 들었어야 해'라는 생각을 자주 한다면 스스로에게 솔직하게 질문해보자. 당신의 내면은 어디에 귀를 기울이는가? 두려운 생각으로 가득한 당신의 이성인가, 아니면 당신의 몸을 통해서 무엇이 당신에게 맞고 맞지 않는지 알려주는 당신의 심장인가? 만약 당신이 심장보다 머리에 더 귀를 기울인다면 당신의 아들이나 딸이 자주 반항을 하고 당신이 원하는 대로 말을 듣지 않는다고 실망할 필요가 없다.

아이들이 정리 정돈을 못하고 무질서한 것도 이와 비슷한 이치다. 불확실성이 당신 자신과 삶의 방향을 지배하고 있는가? 당신은 부모나 배우자 사이에 불화가 있는가? 만약 그렇다면 이것은 모두 무질서의 한 형태이다. 겉으로 보기에 당신의 집 안은 잘 정돈되어 있고 아주 깔끔하게 보일 수 있다. 하지만 당신의 내면이 깔끔하게 정돈되어 있지 않으면 아이는 항상 그것을 감지하고 영향을 받으며, 당신의 내면의 무질서를 거울에 비추듯이 밖으로 무질서를 표출한다.

● 우리 아이는 너무 공격적이에요!

이것 역시 부모들이 아이들에 대해 자주 토로하는 불만 중 하나이다. 당신의 아이가 왜 공격적이라고 생각하는가? 여기에는 여러 가지 이유가 있을 수 있다. 일단 모든 공격적인 표현은 사랑과 관심을 향한 외침이다. 그래서 형제자매들끼리 잘 싸우는 것이다. 이들은 서로를 경쟁자로 바라보면서 사랑, 인정, 존중, 관심 같은 '마음의 양식'을 두고 다툰다. 이들 내면에는 '마음의 양식'을 충분히 받지 못할 수 있다는 불안이 있다. 그리고 착하고 말을 잘 듣는 사람보다는 떼를 쓰거나 반항하는 사람이 더 관심을 많이 받기 때문에 일부러 더 공격적으로 표현하기도 한다.

혹시 아이들이 자주 다툰다면 자신의 행동을 잘 관찰해보기 바란다. 아이들이 싸우기만 하면 불안하고 화가 나서 아이들의 싸움에 곧바로 개입하는가? "이제 둘 다 그만해"라는 말로 싸움을 끝내려고 하는가? 가능하다면 다음에 아이들이 싸울 때 조금 거리를 두고 가만히 지켜보자. 팔짱을 끼고 두 아이가 싸우는 장면을 느긋하게 지켜보고 있으면 얼마 지나지 않아 둘 중 하나가 당신을 싸움에 끌어들여 자기편으로 만들려고 할 것이다. 그러면서 "쟤가 먼저 시작했어요"라는 말로 다른 형제를 비난할 것이다.

부모의 내면이 평온하지 않으면 아이가 공격성을 드러내는 경우가 많다. 그리고 어머니와 아버지가 서로를 배려하고 존중하는 모습을 보이지 않으면(두 사람이 헤어졌다고 하더라도), 아이들은 긴장 속에서 고통을 겪어야 하기 때문에 어떤 식으로든 그 긴장을 표현할 수밖에 없다. 아이를 심리학자에게 데리고 가서 '문제아'로 낙인찍는 대신에, 부모가 먼저 자기 자신과 평화로운지 그리고 배우자(또는 전 배우자)와는 어떤지 돌아보라고 조언하고 싶다. 이유가 무엇이든 부모가 평온하지 않으면 아이는 그 긴장감을 짊어져야 하고 결국에는 그것을 행동으로 드러낸다.

특히 큰 소리를 금기시하거나 "우리 집에서 싸우는 건 안 돼, 알겠어?"라고 말하는 가정에서는 아이들이 이런 억압에 훼방을 놓는다. 그리고 아이들은 행동을 통해 부모 안에 얼마나 많은 좌절과 분노가 숨어 있는지 분명하게 보여준다.

● 우리 아이는 게을러터졌어요!

부모들은 아이의 게으름에 대해 가장 많은 불만을 쏟아낸다. 특히 부지런하고 야망을 가진 성공한 부모들이 게으른 아이들에 대해 많이 한탄한다. 부모는 스스로에게 휴식과 즐거움을 거의 허용하지 않는 대신에 높은 성취 욕구를 가지고 살아가고 있다. 그래서 아이는 반대로 행동할 수밖에 없는 것이다. 쉼 없이 부지런하기만 한 부모, 쉴 새 없이 분주한 부모와 균형을 맞춰야 한다. 아이는 '멍 때리기' 등 의지박약한 모습을 통해 아버지나 어머니가 거부하는 것을 밖으로 표출한다. 부모들이 스스로 만든 내면의 압박이 심할수록 아이들은 '내려놓기'를 선택하는 것이다.

만약 당신의 아이가 더 부지런하거나 더 성공적이기를 바란다면 스스로에게 다음과 같은 질문을 해보자.

> **Q1** 아이가 왜 그래야 할까? 혹시 당신을 위해서 아이가 그러기를 바라는가?
>
> **Q2** 아이가 안 좋은 성적표를 들고 집에 들어오면 창피한가? 당신은 아이를 자랑스럽게 여기고 싶은가?

부모가 매일 숙제를 검사하고 학교에서 공부를 더 잘하라고 압박하면, 아이는 스스로 길을 찾고 자기 동기를 발전시킬 수 있는 기회를 빼앗긴다. 아이는 매일 '부모님을 위해서 해야 해. 내가 잘하지 못하면 부모님은 나를 거부하고 나를 덜 사랑할 거야'라고 느낀다. 그래서 만약 아이가 공부를 한다고 해도 그것은 당신을 위해서, 당신의 욕심을 채워주기 위해서 하는 것이다. 그러면 아이는 독립성이 결여된 아이로 자라고 자신의 인생에 대한 책임과 스스로 선택할 수 있는 권리를 빼앗기게 된다. 그러니 이제 당신의 아이에게 이런 책임을 넘겨주고 이렇게 말하라.

"너 자신만의 경험을 하도록 해. 너는 바보가 아니야. 네가 학교에서 공부를 열심히 하든 안 하든 그것은 이제 네 문제야. 내 도움이 필요하다면 언제든지 도와줄게. 하지만 네 학교생활에는 개입하지 않을 거야. 네가 안 좋은 성적표를 들고 오고 성적 미달로 유급을 해도 나는 널 여전히 사랑할 거야. 너는 그냥 너의 길을 잘 찾아가면 돼."

이런 길을 가기로 결심한 부모들은 자신과 아이들을 짓누르던 엄청난 중압감에서 벗어났다고 말한다. 일부 아이들은 실제로 유급을 하기도 했지만 부모들이 이렇게 태도를 바꾸자, 스스로 동기부여를 하여 학업에 열중하기 시작했으며 학교 성적도 올랐다고 한다.

당신의 아이가 어른이 되어 자립을 하고 독립적으로 자신의 길을 걸어가기를 바란다면, 가능한 한 빨리 아이의 나이에 맞는 책임을 넘겨주어 아이 스스로 결정할 수 있도록 하자. 그리고 가능하면 아이에게 놀 수 있는 자유, 아무것도 안 해도 되는 자유를 충분히 주자.

• 우리 아이는 컴퓨터를 너무 오래해요!

이런 푸념을 한 번도 하지 않는 부모가 과연 있을까? 나는 부모들이 걱정하는 것을 충분히 이해할 수 있다. 하지만 아이들은 부모가 보내는 "나는 네가 걱정돼"라는 메시지에 내면의 압박감을 느끼고 동시에 거절당한 느낌을 받는다. "너는 다르게 행동해야 해! 컴퓨터 앞에 그렇게 오래 붙어 있지 마!"와 같은 말을 아이들은 이렇게 해석한다. "그렇게 하는 네가 마음에 들지 않아! 우리는 그런 너를 사랑할 수가 없어. 너는 변해야 해!"

당신의 아이가 이렇게 질문을 한다고 생각해보자.

"그럼 컴퓨터 대신에 뭘 줄 건데요? 저랑 시간을 보내줄 거예요? 저한테 관심이 있어요? 노는 게 뭔지는 아세요?"

이 질문에 대한 당신의 솔직한 대답은 무엇인가? 여전히 아이들이 걱정스럽다면 자기 자신에게 솔직하게 질문해보기를 바란다.

> **Q1** 나는 나 자신에게 어느 정도로 압박을 가하고 있는가? 나 스스로 달라져야 한다고 생각하는 부분은 무엇인가?
>
> **Q2** 하루에 몇 시간 동안 일에 매달리는가? 몇 시간 동안 스마트

폰을 들여다보면서 시간을 보내는가?

Q3 내가 푹 빠져서 쉽게 헤어 나오지 못하는 것은 무엇인가?"

부모가 내면의 압박을 받고 일에 쫓길수록, 아이들은 '나는 엄마 아빠처럼 살고 싶지 않아요!'라고 생각한다. 그리고 그 생각을 오랫동안 컴퓨터 게임을 하는 것으로 당신에게 보여준다.

사실 아이들은 그렇게밖에 할 수 없다. 부모의 편중되고 부조화한 삶을 아이들이 컴퓨터나 스마트폰에 빠지는 것으로 균형을 맞추는 것이기 때문이다. 그리고 그들의 창의력이나 놀고자 하는 욕구는 '평범한' 현실의 삶이 지루하기 때문에 가상 세계에 흥미를 느끼게 되는 것이다. 가상 세계에서는 성취와 목표 달성이 재미와 판타지와 결합되어 있기 때문에 지루하지 않다.

당신은 '내가 개입하지 않고 아이가 그냥 게임을 하게 내버려두면 끝도 없이 계속할 거야!'라고 생각하는가? 만약 그렇다면 당신이 막고 싶은 그 상황이 현실이 될 것이다. 게임을 그만하라는 요구와 함께 '네가 지금 하는 행동은 내가 보기에 제대로 된 행동이 아니야. 그렇게 하면 나는 너를 사랑하기는

커녕 인정할 수가 없어'라는 메시지를 보낼수록 아이는 다른 가상 세계로 눈을 돌릴 것이다. 가상 세계에서 아이는 성공을 경험하고 자기 자신을 인식할 수 있으며, 동시에 압박과 거부에서 벗어나 기분 전환을 할 수 있으니까.

화내기 전에 떠올려볼 10가지 생각

불만, 짜증, 분노에서 벗어나 평화롭고 조화로운 삶을 살고 싶다면, 이 감정의 정체를 근본적으로 파악해야 한다. 가장 중요한 사실은 우리가 바로 이 감정의 창조자라는 것이다. 우리가 화나는 것은 다음과 같은 이유 때문이다. 다시 한번 정리해보자.

- 우리는 아주 어렸을 때부터 자신을 비난하는 법을 배웠다. 자신을 사랑하지 않는 사람들의 관점에 따라 마음을 닫아야 했다.

- 우리는 자기 자신을 사랑하고 자신을 있는 그대로 받아들이는 방법을 배운 적이 없다. 지금 있는 그대로의 나는 뭔가 잘못됐고 사랑받을 만한 자격이 없다고 배웠다. 그래서 우리는 자기 자신에게 화가 나 있다.

- 어머니와 아버지는 우리가 유년 시절에 가장 먼저 만난 사람이자

가장 중요한 사람들이다. 하지만 두 사람 모두 행복하지 않았기 때문에 우리에게 평화로운 삶을 보여주거나 가르쳐줄 수 없었다.

- 우리는 매일 수천 가지의 생각과 말, 행동을 통해 이 세상과 우리 몸에 창조력을 내뿜고 있다. 하지만 아무도 우리에게 창조력이 있다는 사실을 말해주지 않았다.

- 우리의 모든 감정은 우리의 생각과 확신이 스스로 만들어낸 것이지만 아무도 그 사실을 말해주지 않았다.

- 우리는 지금 이 세상과 있는 그대로의 사람들을 거부한다. 지금 현재 상태와 이미 벌어진 일을 부인하는 것이 가장 큰 고통과 분노를 유발하는 요인이다.

- 우리는 지금까지 살아온 삶을 평화롭게 생각하지 못하고, 시도 때도 없이 '만약 안 그랬다면⋯⋯', '그러지 말걸⋯⋯' 하며 후회하고 탄식하고 하소연한다.

- 우리는 '공명의 법칙'이나 '끌어당김의 법칙'을 알지 못한다. 즉, 우리가 내보내는 모든 것은 언젠가 다시 우리에게 되돌아오며 되

레 끌어당기기까지 한다는 것을 모른다. 우리의 생각, 말, 행동의 질, 그러니까 우리가 창조한 모든 것이 다시 우리에게 반사되어 우리의 내면과 외면의 삶에 영향을 미친다.

- 아무리 좋은 부모 밑에서 자라도 모든 아이들은 아버지, 어머니, 형제자매와 갈등을 겪으며 성장한다. 아이는 이들의 관심, 사랑, 존중에 의존하고 그것을 쟁취하기 위해 싸워야 한다. 그리고 이런 갈등은 수십 년이 지난 후에도 우리 내면을 자유롭지 못하게 하고, 가정이나 직장에서 비슷한 경험을 반복하게 된다.

- 유년 시절에 생성되었던 커다란 불안은 우리의 내면 깊은 곳에 쌓여 보관되어 있다. 그래서 뭔가 해내지 못할 것 같은 불안, 실패할 것 같은 불안, 더는 어딘가에 속하지 않는다는 불안, 좋아하는 공동체에서 배제될 것 같은 불안, 다른 사람들로부터 비판과 비난을 받고 그들로부터 사랑을 받지 못할 것 같은 불안으로 가득하다.

6장

"내 마음은 이제
나를 위해 쓴다"

나쁜 감정 대신 나에게 집중하는 셀프 치유법

마음이 편해지면
편한 사람만
다가온다

드디어 마지막 장이다. 이 장에서는 어떻게 하면 구체적으로 우리의 삶을 평화롭게 만들 수 있는지 다뤄보겠다. 당신의 이성은 "말하기는 쉽지만 실천하기는 어렵다고요"라고 말하겠지만 나는 "어렵다고 생각하면 정말로 어려워지죠"라고 말하고 싶다. 아직은 평화롭지 못한 이 세상에서 이미 많은 사람들이 평화로 향하는 길을 걸어가고 있고, 그중 많은 사람들이 이렇게 말한다.

"내 인생이 짧은 시간 안에 이렇게 많이 변할 줄은 정말 상상도 못 했어요! 삶의 질, 인간관계, 몸뿐 아니라 정신 상태 등 모든 것이 완전히 달라졌어요."

지금까지 우리는 당신의 내면과 삶 그리고 많은 사람들과 여전히 평화롭지 못한 부분이 무엇인지 살펴보았다. 내면에 평화를 만들 때 가장 좋고 놀라운 점은 도미노 효과를 불러일으킨다는 점이다. 우리가 아버지, 어머니, 형제자매 또는 전 애인 등 어떤 사람과 내적인 평화를 이루면, 곧바로 다른 관계에도 좋은 영향을 미친다. 우리가 외부로 발산하는 에너지가 변하기 때문이다.

하지만 다른 사람과 평화로워지려면 먼저 자기 자신과 평화로워져야 한다. 우리가 스스로 만족하지 못하고 자신과도 평화롭지 못하면, 우리 자신과 삶을 비난하고 거부하며 억압하고 받아들이지 못한다. 그래서 외부와 더욱 불화를 만들어내는 것이다. 우리는 항상 안에서 밖으로 뭔가를 만들어낸다.

● 나는 사랑받아 마땅한 존재

나는 당신이 앞으로 몇 달 동안 그리고 몇 년 동안 당신의 내면세계를 정리할 수 있도록 용기를 북돋아주고 싶다. 많은 생각, 감정, 신체 감각 등을 정리해보기 바란다. 당신이 분노나 증오, 시기나 질투보다 더 강한 힘을 지닌 사랑에 다시 마음을 열 수 있도록 응원하고 싶다. 사랑은 세상에서 가장 강력한 힘을 가지고 있다. 사랑은 당신이 어디선가 새로 구해야 하는 것이 아니라 이미 마음속에 존재하며 아직 흘러나오지 못한 것뿐이다. 사랑은 본래 당신 그 자체다. 당신이 이해하지 못하고 받아들이지 못하더라도 당신이 바로 그 사랑이다.

사랑을 신뢰하고 사랑에 당신을 맡길 용기를 내보기 바란다. 사랑은 감정 그 이상이며, 모든 생명을 낳고 존속시키는 힘이다. 자연 자체가 사랑으로 가득하다. 사랑은 모든 것을 결속시키고 생명을 유지시키는 힘이며 접착제다.

사랑을 갈구하던 우리는 완전히 새로운 국면을 맞이하였다. 이제 우리는 우리가 진짜 누구인지 우리에게 상기시킬 수 있다. 사랑에 합당하지 않은 모든 것을 수면 위로 올려서 우리가 자신도 모르게 창조해낸 것들을 직시해보자. 물론 아직은 대부분의 사람들이 자신을 피해자로 느끼겠지만 말이다. 낡은 것이 변하려면 그것이 다시 분명하게 드러나야 한다. 당장은 뜨겁고 힘들지 몰라도 이것은 마지막 불꽃일 뿐이다.

사랑스러운 눈으로
속마음을
들여다보자

감정은 우리를 살아 있는 존재로 만들어준다. 삶에서 감정보다 더 강렬한 것은 없다. 인간은 생각만 하는 존재가 아니라 감정을 느끼는 존재로서 다른 사람과 공감할 수 있는 능력이 있다. 다른 사람의 처지가 되어 그의 감정을 이해할 수 있다는 것이다.

우리는 생각과 감정을 통해 현재를 만들고 우리의 말과 행동을 결정한다. 그러나 상당히 많은 사람들이 지금까지 일방적으로 생각에 모든 것을 걸었다. 의식적으로 생각하고 마음과 연결해서 생각하는 것을 배우지 못한 채 말이다.

● <u>감정을 느끼는 것이 시작이다</u>

이 책의 1장에서 이미 언급했듯이, 우리는 우리 자신과 다른 사람들 그리고 삶에 대해서 진실이 아닌 것들을 진실처럼 단정 짓고 믿는다. 그러면서 자신들이 삶에서 어떤 역할을 하고 있는지 알아차리지 못한다. "모든 건 그 사람 때문이야!"라는 생각들 때문에 우리 안에는 불안, 분노, 무기력 등과 같은 불쾌한 감정들이 만들어진다. 그리고 이런 감정이 실망, 갈등, 결핍, 불화를 만들어낸다. 따라서 우리에게 고통을 주고 몸을 병들게 하는 감정들은 결국 우리 자신의 생각들이 만들어낸 것이다.

삶을 바꾸고 싶으면 먼저 생각을 살펴보고 그 생각들을 의식한 뒤 진실인지 점검해야 한다. 그리고 새롭게 생각하는 방법을 배워야 한다. 이 책에서 이미 여러 차례 설명했다. 그런 다음 우리의 감정을 우리가 스스로 의식하고 긍정적으로 느껴야 한다.

생각과 감정은 자신의 창조물이며 동시에 우리 내면과 외면의 삶을 만들어가는 창조 도구다. 하지만 우리는 지금까지 이를 제대로 의식하지 못했고 삶을 어떻게 만들어가고 있는지 알지 못했다. 만약 알았다면 고통, 실망, 결핍, 갈등을 만들어내는 것을 당장 중단하고 의식 있는 창조자로서 평화롭게 살고 있을 것이다. 당신도 그렇게 될 수 있다고 용기를 북돋아 주고 싶다. 우리의 모습은 이제 '피해자'에서 '창조자'로 옮겨 가고 있다.

당신은 감정을 느껴야 한다. 단순하게 들릴지도 모르지만 당신이 가장 먼저 시작할 수 있으며 가장 강력하고 중요한 것이다. 마음 같아서는 기쁨처럼 '아름다운' 감정만 느끼고 싶지만 불안, 분노, 슬픔, 수치심, 죄책감, 무기력 등의 감정들을 거부하고 억제하고 억압하면 기쁨조차 느낄 수가 없다. 기쁨을 느끼는 길은 나쁜 감정들을 통과해야 나오기에 피해갈 수 없다.

그리고 불편한 감정 역시 우리가 만들어낸 감정이라는 사실을 잊지 말아야 한다. 불편한 감정들은 당신의 수용과 사랑을 갈망하는 당신의 어린아이다. 이제 당신은 일상에서 마주하는 불편한 감정에 더 많은 관심과 시간, 사랑을 줄 수 있다. 기쁨이 넘치고 평온한 삶으로 가는 길의 가장 큰 전환점이 될 것이다.

● 감정에 집중하는 시간의 힘

많은 사람들은 이미 자신이 충분히 감정을 느끼고 있다고 생각한다. 하지만 우리가 지금까지 느낀 감정은 상당히 피상적이다. 감정이 커다란 나무라고 생각한다면 지금까지 우리가 느낀 감정은 겨우 나무 꼭대기 정도에 불과하다. 하지만 중요한 것은 모든 불편한 감정을 뿌리까지 파고들어 가장 깊은 감정을 파헤치는 것이다. 그 감정의 이름이 바로 불안이다. 불안은 무력감, 분노, 위축감, 수치심, 외로움, 시기, 질투, 슬픔과 같은 모든 부정적인 감정을 만들어낸다. 불안은 사랑의 힘으로 바꿀 수 있다. 이성은 이런 사랑을 알지 못하고 오직 심장만이 알고 있다. 오로지 사랑에서 기쁨과 유머, 가벼움, 평화, 만족, 공감과 이해, 애정과 인자함, 인내, 관용, 존중과 같은 아름다운 감정과 태도가 만들어진다.

누가 당신의 '감정 버튼'을 누르든, 누구 때문에 짜증이 나든, 아니면 누구와 다툼이 있든지 간에 그럴 때마다 당신은 기분이 좋지 않다. 어떻게 하면 그 상황에서 벗어날지 또는 어떻게 하면 상대방에게 복수를 할지 머리를 싸매고 고민하는가? 아니면 항의하고 격분하거나 아니면 상심하고 토라져 있는가? 이제 하루에 잠시만 시간을 내어 몇 분 동안 당신의 감정을 의식적으로 느껴라. 조용한 장소로 가서 우선 심호흡을 몇 차례 하고 내면에 집중해보자. 생각에서 벗어나 몸과 감정에 집중하자. 그러면서 이렇게 말하라.

"지금 내 안에서 어떤 감정이 올라와도 괜찮아. 나는 그것을 기꺼이 느낄 준비가 되어 있어!"

생각에서 벗어나 몸에 집중하면서 지금 몸이 무엇을 느끼는지 흥미롭게 살펴보자. 당신의 호흡이 얼마나 가벼운지 또는 무거운지 느껴보고 속박, 묵직함, 압박, 긴장, 고통과 같은 감정들을 느끼면서 반복해서 말해보자.

"이 감정들은 나를 압박하지만 지금 나에게 있어도 괜찮아. 나는 지금 이 감정들을 느낄 수 있고, 느끼고 싶어. 마음껏 다가와. 마음을 열게."

이는 불안, 분노, 무력감 등과 같은 감정에 똑같이 취할 수 있는 기본 태도로 당신의 내면을 근본적으로 변화시킬 수 있다. 이런 과정을 통해 감정은 흐름을 갖게 되며 우리가 이런 감정을 느낀다고 해서 죽지는 않는다. 오히려 이런 감정을 피해 다니기 때문에, 이런 감정을 억누르고 억압하고 회피하고 상처받은 마음을 닫아버리기 때문에 죽는 것이다. 우리는 이런 감정들을 의식적으로 느껴야 한다. 그래야만 우리가 어린 아이였을 때 가지고 있던 생명의 활기를 되찾을 수 있다. 느끼지 못하고 거절당한 감정은 당신 안의 생명 에너지를 차단해서 몸의 중요한 힘을 앗아가고 외부적으로 더 힘든 경험을 하게 만든다.

모든 일은
나를
좋은 곳으로 이끈다

우리는 무언가를 "아니요! 나는 싫어요!"라고 외치며 거부할 때 가장 고통스럽다. 이처럼 이미 일어난 일을 거부하는 존재는 인간뿐이다. 이성은 "내가 좋아하지 않는 것을 왜 받아들여야 하지?"라고 말하면서도 이미 존재하거나 이미 일어난 일을 거부하는 것이 무의미하다는 것을 알고 있다. 사랑하는 사람, 건강, 일자리 등을 잃었을 때 말이다. 그러나 인생은 "없으면 없는 대로 괜찮다! 있으면 있는 대로 괜찮다!"라고 말한다.

● 왜 나에게 이런 일이 일어나는 거지?

고통을 유발하는 것은 일어난 그 일 자체가 아니라 삶 자체에 대한 우리의 저항, 우리 스스로 만들어낸 생각 때문이다. 하지만 우리는 인생을 더 잘 안다고 생각하고 "하지만 저는 그것을 원하지 않아요!"라며 내면적으로 반항을 하고 화를 내면서 더 고통스러워 한다.

다시 한번 말하고 싶다. 어떤 일이나 누군가 우리를 대하는 태도가 우리 인생의 행복을 결정하지 않는다. 우리가 어떻게 반응하느냐가 우리 인생의 행복을 결정한다. 우리는 어떻게 반응할지 선택할 수 있다. 수락할지 아니면 거부하고 저항하고 분노할지는 우리에게 달려 있다. 우선 상실을 받아들여야만 우리 안에 존재하는 슬픔을 느끼고 눈물을 흘릴 수 있고, 슬픔을 제대로 느꼈기 때문에 비로소 다시 기쁨이 찾아온다. 그래서 예부터 확실하게 정해진 애도 기간과 애도 의식들이 있었던 것이다. 슬픔이나 분노와 같은 감정들을 제대로 느끼지 않고 억누르면 우울증이 생긴다. 그리고 최근에 완전한 정신적, 육체적 소진인 번아웃과 함께 많은 사람들에게 우울증이 나타나고 있다.

우리가 고통스러운 사건을 거부할 때 확실하게 "싫어"라고 의식적으로 표현하는 경우는 드물다. 대신 "왜 나한테 이런 일이 일어나는 거지?"라고 묻는다. 그러나 그 대답에는 관심이 없다. "왜?"라고 묻는 것 자체가 이미 이 일을 거부한다는 의미이며 이유는 중요하지 않기 때문이다.

● 모든 일에는 의미가 숨어 있다

당신이 아직 믿지 못한다고 해도 모든 일에는 의미가 있다. 우리에게 아무 의미 없이 일어나는 일은 없고, 아무리 고통스럽고 불공평하며 끔찍한 일이라도 어느 정도 시간이 지나면 깊은 의미를 깨닫게 된다.

당신이 심한 교통사고를 당하고, 일자리를 잃고, 배우자가 당신과 아이들을 갑자기 떠나거나 사랑하는 사람이 스스로 목숨을 끊는다면 당신은 충격을 받고 절망감에 사로잡히고 그야말로 앞이 캄캄할 것이다. 그 순간에는 아무것도 보이지 않을 것이다. 하지만 나의 강의나 세미나에 참석한 사람들에게 몇 년이 지난 후 되돌아봤을 때 자신이 겪은 사건들의 의미를 깨달았는지 물어보면 10명 중 8명이 "네. 이제 알게 됐습니다"라고 대답한다. 많은 사람들은 그 사건을 계기로 인생에서 중요한 전환점을 맞이했다고 말한다. 심지어 어떤 사람들은 "그때 그 일이 나를 송두리째 흔들지 않았다면 나는 지금 살아 있지 않을 겁니다"라고 말한다. 우리에게 일어나는 모든 일, 우리가 대부분 의식하지 못한 채 끌어당기거나 만들어낸 모든 일은 다 나름대로 의미를 가지고 있다. 우리에게 전해줄 메시지와 선물을 간직하고 있다.

● 지금 당장은 헤맬지라도

의미, 메시지, 선물, 이 세 가지 모두는 우리가 일어난 일을 겸허하고 헌신하는 태도로 수용해야만 알아차리고 받아들일 수 있다. '겸허'는 삶에 자신을 굽히고 신뢰한다고 말할 수 있는 용기다. '헌신'은 선물의 의미를 내포하는데, '나의 삶에 몸과 마음을 바쳐 신뢰를 보낸다'는 의미다. 하지만 거부를 하는 사람은 화를 내며 이렇게 소리친다.

"이게 무슨 의미가 있는지 먼저 알려주세요. 그런 다음에 봐서 받아들일게요."

하지만 이런 식으로는 의미를 알아차릴 수 없다. 이미 '그것은 의미가 없어!'라고 생각을 정리했기 때문이다.

"아니야. 나는 이 삶과 이 세상 그리고 이 세상에서 벌어지는 일들을 받아들이지 않겠어"라고 생각하는 한 계속해서 어둠 속을 헤매며 그 깊은 뜻을 이해하지 못할 것이다. 그리고 불안정한 상태로 탄탄한 버팀목도 없이 계속 비틀거리며 인생을 살아가야 한다. 당신이 어렸을 때 예상치 못한 일이 생길 때마다 할머니나 인생 경험이 많은 어른이 흔히 하던 말을 기억하는지 모르겠다.

"얘야, 지금은 알 수 없지만 나중에 다 잘되려고 그러는 거란다."

우선 자신에게
한 일을
용서하자

다른 사람들과 평화롭게 지내고 싶다면 그전에 먼저 당신 자신과 잘 지내야 한다. 일단 지금까지 살아오면서 만든 자신의 삶에 대해 새롭게 생각해보기로 결심하자. 지금까지 살아오면서 받은 가르침은 당신이 행복한 삶을 만드는 데 유용하지 않았다. 사람들은 대부분 "그냥 순응해. 우리처럼 그냥 평범하게 살아!"라는 가르침을 받았다. 이는 착하고 부지런하며 다루기 쉬운 사람이 되라는 뜻이었다.

"뭐라도 해. 빈둥거리지 말고. 그래야 성공하지. 제대로 된 직장을 가져야지. 자동차도 사고 집도 사고 가족도 이뤄야지.

부지런하면 뭐든 얻는 게 있어."

어떤 이들은 이런 가르침에 반항하다가 시련을 겪기도 한다. 많은 사람들은 인생은 곧 전투라고 배웠고 결국 기진맥진해서 쓰러지거나 병을 얻는다. 이미 수천 년 동안 그렇게 지냈다. 하지만 이런 가르침은 이제 구식이며 오늘날 새로운 세대의 부모들은 아이들이 인생을 걸어가는 데 더 좋은 가르침을 줄 수 있다.

● 자존감을 높이는 새로운 생각

당신이 스스로에게 선물해줄 수 있는 첫 번째 새로운 생각은 이것이다.

생각1 나는 내 인생의 매 순간 내가 할 수 있는 한 최선을 다했다.

당신이 오늘날까지 겪고 만들고 경험한 모든 것은 당신에게 인정받고 싶어 한다. 우리가 새롭고 다른 미래를 만들어가고자 한다면, 지나온 모든 과거의 일을 존중해줘야 한다. 그렇지 않으면 우리는 지나온 일을 계속 반복하게 된다.

당신이 마음을 열어야 하는 두 번째 생각은 이것이다.

생각2 내 인생에서 일어난 모든 일은 가치 있고 의미 있다.

이른바 실수라고 부를 만한 것들도 마찬가지다. 그것들을 더는 '실수'라고 부르지 마라. 때로는 고통스러운 경험이었을지라도 당신의 내면적 성장에 도움을 주고, 사실을 제대로 바라볼 수 있게 해준 아주 중요하고 필수 불가결한 일들이었기 때문이다. 그런 위기, 질병, 갈등이 없었다면 당신은 내면적으로 더 발전하지 않았을 것이고 지금 이 책도 읽고 있지 않을 것이다.

'실수'의 핵심적인 의미는 행복, 평화, 완전함을 이루기 위해 무언가가 부족하다는 것이다. 지금까지 우리에게 부족한 것은 무엇인가? 첫째, 우리가 진짜 누구인지, 우리가 왜 이 세상에 있는지 알지 못했다. 둘째, 매일 우리의 내면세계와 외부세계를 만들어가는 창조 능력이 있다는 사실을 알지 못했다. 셋째, 우리 안에 깃든 사랑의 무한한 힘에 대해 알지 못했다. 지금 당신이 당장 사랑을 시작한다면 아무도 막을 수 없다. 당신 자신을 사랑하는 것부터 시작해야 한다. 자기 자신을 사랑하지 않는 사람은 다른 사람도 사랑할 수 없다. 우리 대부분의 어머니와 많은 아버지들이 그래왔던 것처럼 다른 사람을 위해서 자신을 희생할 뿐이다.

● 조금 더 너그럽게 나를 사랑하기

당신 안에 있는 어린아이에게 마음의 문을 열어라. 그 아이는 어렸을 때부터 다른 사람들과 비교를 당했기 때문에 어려서부터 마음의 문을 닫을 수밖에 없었다. 아이는 다른 사람의 판단을 곧이곧대로 믿을 수밖에 없었고 그것을 자신의 생각으로 받아들였다. 그 아이는 오늘날까지 당신의 사랑과 관심을 기다렸다. 아이가 짊어지고 있던 판단, 죄책감, 억누른 감정들을 당신이 덜어주어야 한다. 당신 안에 있는 어린아이는 당신이 사랑해야 할 첫 번째 대상이다.

자기 안에 있는 어린아이를 깊이 사랑하기까지 시간이 오래 걸릴 것이다. 하지만 그때까지 인내할 수 있기를 기대한다. 당신이 이 길을 걸어가는 것을 막을 수 있는 사람은 아무도 없다. 당신 자신 말고는. 따라서 자기 자신에 대한 판단과 비판들을 이렇게 거둬들이도록 하자.

"내가 잘못 생각했어. 다르게 행동하거나 더 잘했어야 했는데."

그렇지 않다. 당신은 그렇게 할 수 없었다. 용서란 잘못된 생각을 알아차리고 새롭게 생각하는 것이다. 당신에게는 아무런 잘못이 없다. 당신은 아무에게도, 어떤 사람이나 신에게도 빚을 지고 있지 않다. 신은 당신에게 말한다.

"나는 네가 지금 너의 삶을 변화시키는 데 필요한 모든 것을 주었단다. 무한한 창조 능력, 한없이 왕성하게 사랑할 수 있는 능력 그리고 선택할 수 있는 자유. 이제 새로운 삶을 선택하라!"

오로지
나를 위해
미움을 내려놓자

자기 자신을 용서하고 자신에 대해 새롭게 생각하다 보면 다른 사람들에 대한 생각도 새로운 방향으로 움직일 수밖에 없다. 당신과 마찬가지로 그들에게도 똑같이 적용되기 때문이다. 그 사람들 모두 그렇게밖에 할 수 없었다. 그들의 내면에는 불안, 분노와 무력감, 사랑과 인정에 대한 갈망으로 가득한 어린아이가 들어 있기 때문이다. 특히 그 어린아이는 인간과 신, 존재 의미에 대한 온갖 기상천외하고 이상한 생각들로 가득하다. 당신과 마찬가지로 다른 사람들도 인간은 따로따로 존재한다는 생각과 믿음을 가지고 있다. 하지만 실제로 모든 것, 모든 사람은 모두 서로서로 연결되어 있고 결국 하나다.

그러나 많은 사람들은 수천 년 동안 내려온 가르침에 따라 자신이 다른 사람들보다 더 낫고 가치 있다고 생각한다. 그리고 다른 사람과 싸워서 이기거나 심지어 죽여야 한다고 여긴다. 당신도 살면서 '그 인간, 죽이고 싶어!'라는 생각을 종종 했을 것이다. 그렇지만 실제로 그러지는 않았을 것이다. 하지만 맹목적인 분노와 절망의 정점에 다다른 순간에 만약 당신의 손에 무기가 있다면 과연 어떤 일이 일어날까? 이 세상에 '나쁜' 사람은 없다. 다만 자기가 무슨 짓을 저지르는지 알지 못한 채 분노와 절망에 사로잡힌 사람들이 있을 뿐이다.

● 상대방을 위한 용서는 나를 다치게 한다

당신의 삶에 존재하는 또라이 천사들에 대해 새롭게 생각하기로 결심했다면, 이는 그들을 위해서가 아니라 당신 자신을 위한 행보이다. 평화와 화해의 길을 가는 것은 당신의 선택이다. 그들과 평화로워지지 않고서는 절대 건강한 몸으로 평온, 기쁨이 충만한 삶에 이를 수 없기 때문이다.

나는 이런 조언을 해주고 싶다. 나를 화나게 한 사람을 떠올려보고 과거에 당신의 자유를 억압했던 핵심 인물들과 그 사람은 어떤 관련이 있는지 살펴보자. 가장 먼저 그 사람을 살펴보자. 이제 당신도 잘 알겠지만 현재 당신 안의 모든 불화와 불만, 다른 사람과의 관계에서 일어나는 문제는 당신의 어린 시절과 청소년 시절로 거슬러 올라가야 한다. 그때 당신은 다른 사람의 사고방식과 삶의 방식에 의문을 제기할 자유가 없었고 다른 사람의 방식을 받아들일 수밖에 없었다. 당신이 오늘날 마주하는 또라이 천사들은 당신이 자기 자신은 물론 과거에 핵심적인 인물이었던 어머니, 아버지, 형제자매와 여전히 평화롭지 못하고 자유롭지 못하다는 것을 보여준다.

또라이 천사를 용서해주는 것은 당신이 자비를 베푸는 것이 아니다. 그들 역시 당신처럼 다른 행동을 할 수 없었고 선택의 자유도 없었을 뿐이다. 그리고 이러한 사실을 인식하는 것이 용서의 본질이다. 용서란 "너는 잘못을 저질렀지만 내가 용서해줄게"라고 말하는 것이 아니다. 이것은 당신이 스스로 심판자를 자처하며 다른 사람에 대해 다시 판단을 하는 것이나 다름없기 때문이다. 지금 누군가를 판단하고 있다면 스스로에게 이렇게 질문해보자.

> **Q** 나는 정말로 그 사람의 내적인 동기를 잘 알고 있는가? 나는

그 사람이 경험한 것들을 알고 있는가? 나는 그 사람의 입장이 되어 그 사람이 지금 느끼는 것을 느낄 수 있는가?

진심으로 이런 질문들에 대해 생각해보면, 다른 사람들에 대한 판단과 비판이 교만이라는 것을 느낄 수 있다.

곧바로
반응하지 말고
관찰하기

우리는 다른 사람에게 꼬리표를 붙이고, 사람들을 일정한 카테고리에 따라 분류하며, 혹독하게 비난을 하는 경향이 있다. 이는 인간의 아주 오래된 습관이다. 이러한 습관이 순식간에 무의식적으로 이루어진다고 해도 차츰 고쳐나갈 수는 있다. 당신부터 단계적으로 시작할 수 있다.

습관을 고치려면 먼저 일상에서 얼마나 자주 남을 판단하는지 자기 자신을 관찰해야 한다. 당신이 다른 사람들에게 얼마나 불친절하게 굴고 벌컥 화를 내는지, 사소한 일에 짜증을 내고 격분하는지, 자신을 방어하기 위해 남을 공격하지 않는지 살펴보는 것이다. 집, 길거리, 계산대 앞, 출근하는 지하철에서 갑자기 언짢거나 기분이 나빠지는 여러 가지 사소한 상황과 맞닥뜨릴 때 말이다. 이때마다 자기 자신을 항상 자세히 관찰해보자.

● 사건에 반응하는 3단계: 생각 · 감정 · 행동

당신은 일어난 일에 대해 항상 무의식적으로 세 단계로 반응할 것이다. 가장 먼저 상대방 또는 일어난 일에 대해 생각하고, 두 번째 단계에서는 바로 그 생각이 불러일으키는 감정을 느끼게 된다. 그리고 그 감정을 바탕으로 세 번째 단계에서 그 상황에 대한 반응을 보인다. 하지만 생각과 감정 사이에는 1초의 간격도 없기 때문에 당신은 이런 과정을 의식하지 못하는 것이다.

어떤 사건이 발생한 후 일어나는 반응 단계는 다음과 같다.

> **1단계** 생각의 반응
> **2단계** 감정의 반응
> **3단계** 일어난 일 또는 외부 사람에 대한 행동 반응

예를 들어보자. 기차역 플랫폼에 서서 기차를 기다리고 있는데 기차가 40분 정도 연착될 예정이라는 안내 방송이 흘러나온다고 하자. 그때 당신은 어떤 반응을 보이는가? 가장 먼저 드는 생각은 어쩌면 '이런 젠장!'일 것이다. 그리고 곧바로 짜증과 불만이 섞인 불안 또는 흥분을 느낄 것이다. 왜 이렇게 반응할 수밖에 없을까? 당신은 연착을 부정하고 지금 주어진 현실, 기차가 연착하는 것에 대해 마음속으로 대항하는 것이다.

"기차는 당연히 정각에 도착해야지! 믿을 수가 없다니까."

당신은 계속해서 이런 생각을 하게 될 것이다. 하지만 기차와 기차 관계자들이 기차가 정각에 떠나고 출발할 수 있도록 나름 최선을 다하고 있다는 생각에 마음을 열고 고마운 마음을 가져볼 수도 있다. 그러나 당신은 그런 생각을 거부하면서 마음속으로 이렇게 말한다.

"이 세상은 뭔가 잘못됐어. 이 세상은 달라져야 해."

그리고 무의식적으로 당신 자신에 대해서도 자주 이렇게 생각한다. '나도 예전에 시간을 착각해서 약속에 늦은 적이 있었지. 그러면 안 돼. 나한테 문제가 있어. 좀 더 신뢰할 수 있는 사람이 되어야 해.'

당신이 또 이렇게 판단한다고 해서 당신 자신을 비난하지 않기를 바란다. 안 그래도 이미 충분히 비난하고 있을 테니까. 그러면 악순환이 이어지고 계속해서 죄책감을 만들어내게 된다. 자신에게 이렇게 말해보자.

"나도 어쩔 수 없을 땐 판단도 하고 비난을 해도 괜찮아."

하지만 당신이 다른 사람들을 비난하고 비판하면 할수록 자기 자신에게 손해와 고통을 가하는 일이라는 것을 알아차리게 될 것이다. 안 그래도 이미 만성적으로 쌓여 있는 불만에 먹이를 주는 일이기 때문이다.

● 한 걸음 멀어져 관찰하기

당신 주위에서 일어나는 일들에 대해 당신이 우선 내면적으로 어떻게 반응하는지 더 관찰해보자. 그래야만 당신의 외적인 반응에 대한 새로운 힘을 얻게 되고 당신도 선택을 할 수 있다. 그리고 상황과 반응에 "정말 흥미진진하지 않아?"라고 덧붙여보자. 평가를 하는 역할에서 벗어나 관찰자의 입장으로 만들어주는 가장 효과적인 말이다.

똑같은 상황에서도 비난을 하는 사람은 이렇게 말한다.

"그건 좋지 않아. (이미 그렇게 되었음에도) 그렇게 되면 안 되지. 나는 반대야."

관찰을 하는 사람은 이렇게 말한다.

"내가 그 일에 대해 어떤 생각과 기분이 드는지 확인해볼
게. 그런 다음에 신중하게 대응할게."

당신은 이제 어떻게 반응하고 싶은가?

다정하게
분노를
표현하라

감정은 단지 우리가 느끼고 받아들여 다른 형태로 변화되기
만을 바라지 않는다. 감정은 부글부글 끓고 있는 냄비와 같다.
강한 힘으로 언제든 뚜껑 밖으로 표출되기를 원한다. 그러나
당신이 꾹 누르며 억압하고 있는 감정은 있는 그대로 표현하
기보다 조용히 홀로 의자에 앉아 제대로 느낀 다음에야 당신
의 것, 당신의 힘으로 만들 수 있다.

● 시간을 두고 감정을 표현하라

누군가에게 화가 났을 때 분노 또는 짜증의 감정을 즉흥적으로 표현하면 일을 그르치게 될 뿐이다. 분노는 진실에서 멀어지게 만들고, 갈등을 더 깊게 만든다. 당신의 애인 또는 다른 사람 때문에 화가 나고 몸에서 열이 올라온다면 마음속으로 '안 돼, 침착하자'라고 말해보자. 그리고 밖으로 나가거나 방으로 들어가 잠시 자신의 감정과 자기 자신을 보살펴라. 상대방에게 이렇게 말해도 된다.

"잠깐 시간이 필요해. 한 시간 후에 아니면 내일 다시 얘기하자."

잠시 시간을 갖고 다시 중심을 찾게 되면, 당신은 감정을 상대방에게 차분하고 확실하게 말할 수 있다. "난 이 모든 상황이 끔찍해!" 또는 "난 정말 화났어!", "나는 실망했고, 좌절했고, 화가 났어"라고 소리친다고 해도 괜찮다. 그것은 자신의 감정 상태를 사실대로 표현하는 것이다. 다만, 화난 책임을 상대방에게 묻고 있지 않은지 관찰하라. "너는 대체 왜 그래?"라고 말하지 말고 "나는 이 상황이 힘들어"라고 말하라.

● 한 달에 한 번, 감정 주고받기

많은 사람들이 수년 동안 입을 꾹 다물고 자신의 감정이나 진짜 상태에 대해 일절 말하지 않고 지낸다. 그러다가 분노로 가득 찬 냄비가 폭발하고, 결국에는 후회하게 될 말과 행동을 하게 된다. 일찌감치 입을 열어 자신의 내면 상태에 대해 얘기하라. 특히 당신이 약하고 용기가 없고 어찌할 바를 모르거나 슬픔이 느껴질 때 말이다. 상대방에게 당신의 진짜 상태를 알려주는 것이 상대방에게 해줄 수 있는 선물이다.

특히 연인 관계나 부부 관계에서 최소한 한 달에 한 번, 두 시간 정도 시간을 내 서로 자신의 현재 상태에 대해 얘기하는 것이 좋다. 처음에 30분 정도는 최근에 어떻게 지냈는지, 지금 기분이 어떤지 얘기를 하자. 이때 서로 그저 들어주기만 하고 서로가 하는 말에 이의를 제기하거나 끼어들지 말아야 한다. 그냥 아무 말 없이 들어주고 침묵하는 것도 사랑의 행위다. 누구나 자신만의 관점, 의견, 감정을 가질 권리가 있고 다른 사람의 의견을 무조건 받아들여야 하는 것은 아니다. 누구나 다른 사람에게 자신의 감정을 털어놓을 수 있다. 이런 과정을 통해 서로 공감하고 상대를 더 깊이 이해하는 법을 배우게 된다.

● 어린아이의 마음으로 편지 쓰기

많은 사람들이 일찍부터 마음을 닫고 이성으로 내면을 감춰버려 자신조차 자신의 감정에 다가가지 못하는 사람들이 많다. 내가 주최한 세미나에 참석한 분들이 사용하는 효과적인 방법은 바로 편지를 쓰는 것이다. 당신 인생에서 만난 또라이 천사를 골라서 그 사람에게 긴 편지를 써보자. 그 편지는 발송하지 않고 나중에 태워버린다. 오직 당신과 당신 안에 있는 어린아이를 위해 쓰는 것이기 때문이다. 그때의 어린아이는 마음속으로 생각하던 것, 느꼈던 것, 갈망하던 것들을 말할 수 없었다. 당신 안에 있는 어린 소년이나 소녀가 그동안 표현할 수 없었거나 표현하지 못했던 감정들을 편지에 표현할 수 있도록 허용해주자. 특히 손으로 직접 이런 편지를 쓰다 보면 상당한 해방감을 느낄 수 있다. 많은 분들이 편지에 자신의 감정을 드러내면서 눈물을 흘렸다. 며칠이 걸려도 된다. 특히 밤에 오랫동안 묻어둔 감정들이 표면 위로 올라올 것이다.

당신 자신과 당신 안에 있는 아이가 편지의 수신인을 극렬하게 비난하는 것을 일단은 허용해주자. 이런 비난은 사실 오랫동안 당신 안에서 진행되던 것이다. 분노, 무력감, 증오 그리고 다른 모든 감정을 적절한 단어로, 때로는 직설적인 단어로 표현하면서 당신의 감정을 느껴보자. 우리가 상대방과 평화로운 관계를 맺고 상대방에 대한 판단을 거두고 용서해주기 위해서는, 즉 상대방에 대해 새롭게 생각하기 위해서는 상대방에 대한 감정을 우선 파헤쳐야 한다. 이를 통해서 자기 자신과 자신 안에 있는 아이의 감정을 존중해줄 수 있다. 편지에 많은 것을 쓸수록 이런 감정 뒤에 숨은 부담도 덜 수 있다. 그리고 만약 두 번째 또는 심지어 세 번째 편지까지 쓰게 된다면 첫 번째 편지와 비교해보자. 갈수록 점점 더 평화가 깃드는 것을 느낄 수 있을 것이다.

이런 식으로 불화를 겪고 있는 사람들 한 명 한 명에게 편지를 쓸 수 있다. 나를 괴롭혔던 형제자매, 전 애인, 시어머니, 전 상사 등. 감정과 생각들을 편지에 쓰다 보면, 상대방은 물론 내면에 살고 있는 아이에게도 사랑이 생기고 마음을 열게 될 것이다.

이제 당신은 또라이 천사를 내면적으로 만날 준비가 되었다. 예를 들어 '나의 또라이 천사와 평화 맺기' 같은 명상을 통해서 또는 형제, 자매, 헤어진 애인 등을 통해서 말이다.

화해하는 자리에서
또다시
화내지 않으려면

우리를 화나게 만든 사람과 직접 마주보며 대화하는 것이 감정을 푸는 데 효과적일까? 이 대화가 의미가 있으려면 먼저 당신에게 이 감정이 어떤 가치가 있는지 이해해야 한다. 상대가 이 감정을 만든 것이 아니라 이미 당신이 만들어놓은 것을 끄집어낸 것뿐이라는 사실을 깨달았을 때에만 의미가 있다. 또한 당신이 그 감정에 마음의 문을 열고 느낄 준비가 되어야 한다. 분노로 가득 찬 채로 상대방에게 가보았자 그런 만남은 대부분 또 다른 싸움으로 끝나버린다.

● 의미 있는 대화를 위한 준비 자세

'또라이 천사'라는 개념을 공격 무기로 잘못 사용하여 상대방에게 "너는 내 또라이 천사야!"라고 노골적으로 비난해도 마찬가지다. 상대방이 이 말에 대해 기분 좋게 "그래, 그거 참 흥미롭군!"이라고 반응할 리가 없다. 하지만 당신이 그 사람에게 다가가 이렇게 말한다면 그는 완전히 다른 반응을 보일 것이다.

"고맙다는 말을 하고 싶어요. 왜냐하면 당신은 나를 힘들게 했지만, 당신 덕분에 더 단단해졌거든요. 예전에는 당신에게 복수하고 싶었어요. 하지만 이제 제 감정 뒤에 숨은 진짜 제 상처를 알게 됐고, 당신은 단지 그걸 끄집어내준 것뿐이란 걸 알게 되었어요. 그래서 오히려 당신에게 고마워요."

당신이 또라이 천사와 대화하려면 마음에서 우러나온 동기가 필요하다. 당신을 움직일 유일한 동기는 다음과 같다.

"나는 진심으로 당신과, 나 자신과 평화로워지고 싶어."

당신이 상대방을 판단하며 '그 사람은 그렇게 하지 말았어야 했어!'라고 생각하는 한 의미 있는 대화는 불가능할 것이다. 하지만 당신이 아주 부당한 일을 당했다고 해도 이미 벌어진 일이라고 생각해보자. 그리고 가슴에 손을 얹고 돌이켜보면 당신 역시 그 사람에 대해 부당한 생각을 하거나 부당한 행동을 했을 것이다. 그 사람에게 보상이나 사죄를 받겠다는 당신의 '권리'에 집착하지 마라. 그런 요구를 하거나 기대를 가지면 당신은 실망만 하게 될 뿐이다. 물론 상대에게 한두 가지 바람 정도는 얘기할 수 있겠지만, 그 바람을 받아들이는 것은 상대방에게 달려 있다. 만약 상대방이 거부할지라도 받아들여야 한다.

이런 대화에서 자신과 자신의 감정을 솔직하게 털어놓고, 상대방이 그럴 수밖에 없었다는 사실을 잘 받아들일수록 대화는 더욱 가치 있어질 것이다.

● 부모와 마음을 터놓고 대화하는 법

만약 부모가 아직 살아 있다면 어머니 또는 아버지와 단둘이 대화할 마음의 준비가 되었는지 살펴보라. 이런 대화는 부모가 당신을 위해 한 일에 감사한 마음이 드는 경우에만 의미가 있다. 특히 그들이 당신에게 준 가장 큰 선물에 대해서 말이다. 그들은 당신에게 생명을 선물했고, 그들이 없었다면 당신은 존재할 수도 없었다.

주변에 부모에게 등을 돌리고 멀리 이사를 가거나 심지어 이민을 떠난 사람들도 많다. 하지만 그들은 그저 자기 자신의 과거에서 도망치고 있다는 것을 모르고 있다. 그래서 몇 년이 지나면 다시 돌아오기도 한다. 그런 도피는 성공할 수 없다는 것을 깨달은 것이다. 그들은 부모를 떠날 때 부모와의 내면적 관계까지 가방에 함께 넣어서 간다. 그래서 많은 사람들이 특정한 나이가 되면 다시 부모의 곁으로 이주하거나 어렸을 때 자란 곳으로 돌아온다. 자신들도 모르게 그곳으로 다시 끌려온다. 그때 인생은 "바로 이곳에 네가 해결해야 할 문제가 남아 있어. 자유롭고 싶다면 바로 여기서 해결해야 해"라고 말한다.

나이가 든 아버지와 어머니가 깊이 있는 대화를 나눌 상황이 아니거나 대화하고 싶은 마음이 없더라도 받아들여라. 그들은 자신들의 사고와 감정에 갇혀 있고 억압받고 있다. 그들에게 너무 무리한 것을 바라지 마라. 그들의 마음이 닫혀 있다고 해도 그들에게 감사한 마음과 사랑을 보여줄 수 있다.

어머니, 아버지와 마음을 터놓고 대화하고 싶고 지난 과거에 대해 얘기하고 싶다면, 일단 그들에게 감사를 전하는 편지부터 써보자. 그러면 부모는 그 편지를 받고 며칠 동안 또는 몇 주 동안 생각할 시간을 가지게 될 것이다. 어쩌면 편지를 계기로 대화의 문이 열릴지도 모른다.

몇 년 전, 70세가 훌쩍 넘은 여성 참가자 한 분이 세미나에 참석했다. 그분은 인생의 황혼기를 맞이하면서 과거에 자신과 불화가 있었던 사람들과 새로운 관계를 맺는 것이 얼마나 중요한지 깨달았다고 한다. 그래서 세미나에 참석했고, 관계를 평화롭게 풀고 싶은 사람들 중에 아직 살아 있는 사람들을 수소문해 어디에 살고 있는지 알아보기로 결심했다. 세미나가 끝나고 그분은 여러 나라, 여러 대륙으로 날아가 과거에 관계가 틀어졌던 사람들을 일일이 찾아갔다. 그분은 나중에 "그제야 내 안에 진정한 평화가 깃들었습니다"라고 소감을 밝혔다.

미워하는 마음 대신
나를 더
사랑하라

당신의 내면에서, 당신의 삶과 당신이 맺은 관계에서 일어나는 모든 일은 지금 이 땅에서 일어나는 일과 아주 밀접한 관련이 있다. 최근 이 땅과 인류는 지난 수천 년 이래 가장 축복받은 변화를 겪고 있다. 이는 상당히 급격한 변화이다. 그리고 이제 당신도 여기에 동참하기로 결정했다. 급변하는 시대를 관람하는 구경꾼이 아니라 평화와 사랑이 있는 새로운 땅을 만들 창조자로서 말이다.

지금 당장은 믿지 않아도 된다. 하지만 언젠가 이 커다란 변화를 인지하고 받아들이겠다는 마음만 있으면 된다. 언젠가는 즐겁게 동참하여 자신의 삶에서 그 열매를 수확할 수 있도록 말이다.

● 죽기 전에 반드시 대답해야 할 질문

그렇다. 지금 이 세상은 아직 평화롭지 않다. 전쟁과 추방, 증오와 배척은 여전하다. 분노하며 큰 소리로 호통을 치는 사람들이 세계 무대에 있고, 인권이나 인명은 안중에도 없이 과대망상에 빠진 독재자들과 강대국들이 존재한다. 그리고 이성적으로 판단할 때 이런 모든 상황은 몇 년이 지나도 쉽게 변하지 않을 것만 같다. 하지만 그렇지 않다. 자기 자신과 자신의 삶, 사적인 관계나 직업적인 관계에서 평화를 만들어낸다면 가능하다. 나는 이를 돕기 위해서 이 책을 집필했다.

이 부분에서 많은 사람들은 '증거'를 대라고 요구할 것이다. 그러면서 이런 극단적인 주장에 대한 증거를 제시하면 그때 가서 생각해보고 동참하겠다고 한다. 하지만 인생은 그렇지가 않다. 첫걸음은 누구나 혼자서 떼어야 하며 분명하고 확실하게 결정해야 한다. 계속 불안을 선택할지 사랑을 선택할지, 배척 또는 통합, 다른 사람에 대한 존중과 존경, 억압 또는 내면의 깊은 진실을 용감하게 직시하기 등을 선택할지 말이다. 당신은 원래 영적인 존재이며 현재 당신의 몸속에 들어 있다. 그것이 진실이다. 그리고 당신의 본질은 사랑이다. 다른 모든 사람도 마찬가지다.

당신이 죽음을 앞두고 마지막에 대답해야 할 결정적인 질문은 이것이다.

Q 나는 살면서 얼마나 깊이, 많이 사랑했는가?

그 밖의 모든 것, 당신이 얼마나 많은 것을 성취했고, 얼마나 많은 돈을 벌었는지, 직함과 직책 또는 유가증권 등은 당신에게 아무런 의미가 없을 것이다. 모든 생명을 낳고 유지하는 사랑의 힘을 믿을 수 있는 용기를 가져라. 사랑을 신뢰하기로 결정하라. 사랑은 당신의 심장을 뛰게 하고 당신의 피를 흐르게 한다. 또한 모든 열매를 자라게 하며 겨울이 지난 후에 새로운 생명을 만들어낸다.

● 서서히 힘을 잃어가는 분노와 증오

내가 만약 제2차 세계대전이 끝난 1945년에 폭격을 받은 독일의 어느 도시의 폐허 속에서 당신에게 이렇게 말했다고 생각애보자.

"두고 보세요. 앞으로 70년 동안은 중부 유럽에 평화가 찾아올 것이고, 당신이 상상조차 할 수 없는 복지와 엄청난 기술의 발전을 맛보게 될 겁니다."

당신은 아마 나를 미쳤다고 했을 것이다. 이와 마찬가지로 평화의 시대, 사랑의 새로운 지구, 전쟁, 다툼, 배척이 없는 지구는 우리가 닿을 수 있는 가까운 거리에 와 있다. 하지만 이런 나의 주장을 많은 독자들은 '미친 소리'라고 생각할 것이다. 나는 그런 소리를 들어도 상관없다. 당신을 위해서 마음을 열어둘 것이다. 그리고 나는 우리에게 다가올 것들에 대한 기대감으로 가득 차 있다.

미움의 어두운 힘, 불안에서 발생한 증오는 이제 그 힘을 점점 잃어가고 있다. 지금 일어나고 있는 일들은 그 마지막 발악이다. 곧 힘을 잃고 가라앉을 것이다. 번아웃과 우울증이 많은 사람들을 지쳐 쓰러지게 만들 듯이 말이다. 수천 년 전부터 발달된 문명권의 현자들과 셀 수 없이 많은 영적 세계의 메시지들이 이를 예견하고 있다. 이 지구는 인류와 함께 다시 사랑의 행성으로 우뚝 올라서고 있으며 지구와 인류 역사의 큰 주기를 맞이하고 있다.

이 모든 것이 '언젠가'가 아니라 지금 현재 일어나고 있다. 가족, 직장의 부서, 기관, 정당, 국가 등에 속한 많은 사람들의 마음 상태를 자세히 보라. 사랑 자체가 지금 강력하게 힘을 발휘하고 마치 유성처럼 사람들의 마음과 미세한 물질로 이루어진 그들의 몸을 관통한다. 사랑은 지금까지 감춰져 있던 모든 것을 투명하게 보여준다. 그리고 사람들의 의식을 전환시켜 사랑, 이해, 수용에 다시 마음을 열게 한다. 분리가 아니라 결합의 공동체를, 우리와 다른 사람들을 비난하고 배척하는 대신에 사랑스러운 공동체를 이룬다.

● 다양한 존재가 모여 사랑을 나누는 이곳

이제 우리는 자신이 진짜 누구이며 얼마나 가치 있고 귀하고 사랑스러운 존재인지 이해할 수 있다. 우리는 있는 그대로의 '나'를 받아들이고 사랑할 수 있다. 우리는 더 이상 다른 사람들을 얕보거나 이런저런 사람보다 내가 더 '낫거나' 더 '좋다고' 생각하지 않을 것이다. 지구상의 모든 사람들은 모두 똑같이 소중하지만, 우리 모두는 확연히 다른 존재다. 우리는 각각이 세상에 단 하나뿐인 소중한 존재이며 유일무이한 영혼이다. 이 세상의 아름다움은 다양성의 아름다움으로 이루어져 있다. 식물 세계, 동물 세계, 인간 세계를 보라. 다양한 존재들이 모여 지구를 매력 있게 만든다.

당신 역시 아주 특별한 존재이다. 하지만 당신의 이웃, 상사, 형제, 전 애인 역시 모두 아주 특별한 존재이다. 당신은 그들을 인정하고 그들과 새로운 관계를 맺을 수 있다. 물론 이는 우리 안에 깊이 박혀 있는 상처를 극복하고 당신만의 가치와 아름다움, 고귀함을 알아차려야 가능하다. 또한 당신이라는 존재 자체가 기적이라는 사실을 기억할 때 우리는 비로소 평화를 찾을 수 있다!

단단한 나를 만드는 11가지 질문

지금보다 더 편하고 행복한 인간관계를 맺고 싶은가? 당신의 삶이 조금 더 평온하고 기쁨으로 가득하기를 바라는가? 지금 당신의 나이와 상관없이, 인생의 배를 행복의 방향으로 틀어서 낡고 불행한 현실에서 벗어나고 싶은가? 그렇다면 당신은 이제 발걸음을 뗄 수 있다. 이는 바로 당신의 내면으로 향하는 발걸음이자, 숨어 있는 진짜 마음을 찾고 깨달음으로 향하는 발걸음이다.

다음 질문의 답을 종이에 적어가며 생각할 시간을 충분히 가지기를 바란다. 그리고 이때는 정말로 솔직해져야 한다. 그래야만 지금까지의 삶을 되짚을 수 있고, 삶의 질에 근본적인 변화를 가져다줄 커다란 힘이 될 수 있다. 무엇인가를 변화시키고 싶다면 그전에 당신이 지금까지 만들어낸 것들을 자세히 살펴봐야 한다. 그래야 모든 것을 끝내고 정리할 수 있다.

- 나는 왜 이 세상에 있을까? 내 인생의 의미는 무엇인가? 내가 이 세상에 태어나서 살아가는 것은 어떤 의미가 있는가?
- 나는 얼마나 가치 있고 사랑스러운 사람인가? 나 자신이 어떨 때

가장 사랑스럽다고 느끼는가?

- 나 자신에게 칭찬할 만한 점들은 무엇인가? 일상에서 생각이나 혼잣말로 얼마나 자주 스스로를 칭찬하는가? 살면서 스스로에게 가장 좋은 친구가 되어주고 있는가?

- 나는 나의 재능, 능력, 내면의 보물들에 대해 어떻게 생각하는가? 나는 이 보물의 존재를 알고 있으며 소중하게 여기는가?

- 나는 내 몸에 대해 어떻게 생각하고 어떤 감정을 느끼는가? 내 몸을 사랑스럽게 대하고 고마워하며 잘 가꾸는가? 나의 몸은 절대 실수하지 않고 항상 진실을 말하는 나의 완벽한 신하라는 것을 알고 있는가?

- 어머니, 아버지, 형제자매와 함께했던 유년 시절과 청소년 시절에 대해 어떤 생각과 감정을 가지고 있는가?

- 그동안 겪었던 직장 생활에 대해 어떤 생각과 감정을 가지고 있는가? 성공적이었는가? 아니면 실패했는가? 지금까지 겪은 실패에 대해 어떻게 생각하는가? 그 실패들이 나의 삶에 어떤 가치가 있

있는가?

- 지금까지 살아오면서 사귀었던 나의 애인들에게 어떤 생각과 감정을 가지고 있는가? 그들 중 누구와 아직 불편한 감정이 얽혀 있는가? '당신과 함께여서 행복했어. 고마워'라고 말할 수 없는 사람은 누구인가?

- 매일 마음속에 품고 살고 싶은 가장 중요한 가치와 태도는 무엇인가?

- 가정에서 또는 직장에서 사람들이 내게 불쾌감을 자주 불러일으키는가? 그 불쾌감은 불안, 두려움, 무기력, 짜증, 분노, 증오, 위축감, 열등감, 시기, 질투, 외로움, 슬픔 중 어떤 것인가?

- 인생을 되돌아본다면 어떤 마음으로 되돌아보고 싶은가? 지금까지의 삶과 작별하고 어떠한 삶을 살고 싶은가?

분노는 마음의 문제를
비추는 거울이다

삶을 더 평화롭게 만들고 싶다는 마음으로 이 책을 펼친 당신에게 감사한 마음을 전한다. 이 책을 대강 훑어보기만 했어도 괜찮다. 어쨌든 당신이 지금보다 더 행복하고 평화롭게 살고 싶어 한다는 사실이 중요하다.

이 갈망은 당신이 원하는 삶으로 인도할 것이고 사람과 상황 그리고 당신 자신에 대해 새롭게 생각할 기회를 만들 것이다. 또한 지금까지와 다르게 행동할 수 있는 기회도 일상에서 만나게 될 것이다. 무엇보다도 예전처럼 사소한 일에 쉽게 흥분하지 않고 "정말 흥미진진하지 않아?"라고 여유롭게 반응하는 자신을 발견하게 될 것이다. 지금 당신의 삶에 수많은 불화와 짜증, 해결되지 않은 문제와 갈등이 존재한다고 할지라도 당신이 인생이라는 배의 방향을 다른 쪽으로 트는 것은 아무도 막을 수 없다.

이 책이 제시한 질문에 답해보고, 새로운 생각들을 당신의 삶에서 차츰차츰 실행에 옮겨보자. 그리고 이미 여러 차례 강조했듯이, 이는 당신의 내면에서 자기 자신을 조용히 살펴보는 것에서 시작할 수 있다.

당신이 인생을 얼마나 살았든 상관없다. 늦기 전에 진실에 눈을 뜨고 깨닫기를 바란다. 현재 그리고 과거에 있었던 모든 일들과 상관없이 앞으로 기쁨과 행복, 사랑이 가득한 인생을 즐기기 바란다.

2017년 레스보스에서

로베르트 베츠

로베르트 베츠 Robert Betz

함부르크대학교에서 심리학과 사회교육학을 전공한 로베르트 베츠는 독일에서 가장 사랑받는 심리학자 중 하나이다. 구체적이고 생생한 예시, 유머 감각, 전문 지식이 잘 어우러진 강연으로 남녀노소 모두에게 사랑받고 있는 그는 인기 강연자이자 베스트셀러 작가이다.

10년이 넘는 세월 동안 25만 명이 넘는 사람들이 그의 강연을 듣고 입소문을 냈고, 그 덕분에 꾸준히 많은 독자층을 확보하게 되었다.

그의 대표작인 『또 제 탓인가요?』(원제: 더 이상 못 참아!Jetzt reicht's mir aber!)는 분노, 짜증, 압박감 등 나쁜 감정을 새로운 관점으로 분석하여 긍정적인 힘으로 바꿔주는 비법을 알려주는 책으로 출간 직후 독일 아마존 심리 1위에 바로 올랐으며 오랫동안 사랑받고 있는 스테디셀러이다. 그 외에도 『사랑하라 너를 미치도록』, 『참된 사랑은 자유롭게 해준다!』, 『낡은 신발을 벗어라!』 등 다수의 책이 있으며, 그의 저서들은 누적 총 390주(약 8년) 동안이나 슈피겔 베스트셀러에 오른 기록을 세웠다.

서유리

국제회의 통역사로 활동하다 얼떨결에 출판 번역에 발을 들인 후 그 오묘한 매력에 빠져 아직도 헤어 나오지 못하고 있다.

옮긴 책으로는 『우연은 얼마나 내 삶을 지배하는가』, 『내 옆에는 왜 이상한 사람이 많을까?』, 『내가 원하는 남자를 만나는 법』, 『공간의 심리학』, 『당신의 과거를 지워드립니다』, 『내 남자 친구의 전 여자 친구』, 『사라진 소녀들』, 『상어의 도시』, 『카라바조의 비밀』, 『독일인의 사랑』, 『월요일의 남자』, 『언니, 부탁해』, 『관찰자』, 『타인은 지옥이다』, 『당신의 완벽한 1년』 등 다수가 있다.

1판 1쇄 발행 | 2019년 5월 10일
1판 5쇄 발행 | 2021년 2월 16일

지은이 | 로베르트 베츠
옮긴이 | 서유리
발행인 | 김태웅
기획편집 | 박지호, 이주영
외부기획 | 민혜진
디자인 | design PIN
마케팅 총괄 | 나재승
마케팅 | 서재욱, 김귀찬, 오승수, 조경현, 김성준
온라인 마케팅 | 김철영, 임은희, 김지식
인터넷 관리 | 김상규
제　작 | 현대순
총　무 | 안서현, 최여진, 강아담, 김소명
관　리 | 김훈희, 이국희, 김승훈, 최국호

발행처 | (주)동양북스
등　록 | 제2014-000055호
주　소 | 서울시 마포구 동교로22길 14 (04030)
구입 문의 | 전화 (02)337-1737　팩스 (02)334-6624
내용 문의 | 전화 (02)337-1739　이메일 dymg98@naver.com

ISBN 979-11-5768-506-6　03190

이 도서의 국립중앙도서관 출판예정도서목록(CIP)은 서지정보유통지원시스템 홈페이지(http://seoji.nl.go.kr)와
국가자료공동목록시스템(http://www.nl.go.kr/kolisnet)에서 이용하실 수 있습니다.
(CIP제어번호:CIP2019014099)